座小田 豊
Yutaka ZAKOTA
田中 克
Masaru TANAKA
川崎一朗
Ichiro KAWASAKI

# 防災と復興の知

## 3・11以後を生きる



大学出版部協会

本書は公益財団法人日本生命財団の助成を得て刊行された

目次

第一章

# 「ふるさと」の根源的な力と想像力の可能性

座小田 豊

## 被災した者にできること

私は大学に入ってからこれまで、西洋の近代哲学、とくにドイツの哲学を中心に研究をしてきました。そして、仙台にいて東日本大震災で被災した者でもあります。哲学研究者であり被災者でもある私が、今回の経験から今何を語ることができるのか——震災以降たくさんの本を読みながら考えてきたことを、「ふるさと」を主題にして取りまとめてみたいと思います。私たちのいのちが「ふるさと」によって育まれてきたことは誰しもが認めるのではないでしょうか。その「ふるさと」が、東日本大震災によって大きく問われることになりました。震災後のこれから、「ふるさと」は私たちの生き方とどのように関連するのでしょうか、このことについて考えてみたいと思うのです。

## 私の被災体験——「ふるさと」を追われて・ディアスポラ

まず、震災直後の私の体験を、いくつかの場面に限って語るところから話を始めたいと思います。

二〇一三年三月一一日、その日は春休み期間中の金曜日ということもあって、私は一人自宅にいて、陽当たりのよい二階の部屋で足温器で温まりながら本を読んでいました。二時四〇分過ぎに、突然激しい揺れに襲われました。すぐにおさまるだろうと思い、じっとしていましたが、一分近くたっても揺れはおさまらず、弱まるどころか、いつもとは違って、むしろ一層激しくなるような気配がして不安になり、足温器を抜け出し、窓を開け窓枠に足をかけ手すりに寄りかかって外を見ました。揺れはますます強まり、大きなエネルギーの塊が足元から突き上げてくるような感じがしました。周りの家々は大きく上下左右に揺れ、庭の木々もまさに飛び跳ねんばかりの状態でした。周辺のアパートなどから人々が外に出てきて不安げに周りを見回しています。私もこれ以上揺れが続けば、家も崩落するのではないかという恐怖を覚えるほどでした。庭の樹に飛び移らなくてはならないかもしれないと思い始めた頃、幸いにもやっと揺れが引いていくように思われました。

携帯ですぐに出先の家人たちと無事を確認しあいましたが、その直後に通じなくなってしまいました。回線がパンクしたのでしょう。階下におりてガスを確認し、元栓を閉め、風呂を洗ってすぐに水を張りました。やかんや鍋、バケツなどにもできるだけの水を入れておきました。電気はすでに止まっていました。家の中は家具類のほとんどが大きく移動し、重い食器棚でさえ全体が動いていて、上の部分が大きく傾いてずれ落ちてしまわんばかりになっていました。隣家の陰に位置する書斎は、予想通り、置いてある本棚のことごとくが倒れるか傾いていて本がバラバラに散乱し、机の上の書棚も落ちていて、仕事ができるようになるまでにどれほどの日数がかかるだろうかと気が重くなりました。これだけでも尋常ではない地震の大きさを思わせたものでしたが、地震の時に書斎にいなくて本当に幸いでした。

午後四時に大学の研究室で学生と会う約束をしていたので、家のことはそのままにして、咄嗟のことに車で家を出ましたが、当然のことながら途中でどうにも先に進めなくなってしまいました。誰もが動揺している上に、停電で信号機がまったく機能しておらず、それがまた人々の不安を掻き立てていたのでしょう。車がまったく動かなくなり、あちこちで口論をしているような騒ぎが聞こえていました。やむを得ず大学に行くことをあきらめて帰ろうとしたのですが、時すでに遅く、どちらを向いても渋滞が続いていて、わずか一キロ足らずの距離に二時間ほどを要してやっと家に帰り着いたときには、暗闇が街を覆っていたのです。停電でしたから、まるで山の中のような闇夜でした。

ロウソクを灯して、ラジオをつけると、津波の被害を繰り返し報じていました。宮城、岩手の沿岸の町々がことごとく「壊滅」状態であるかのようなアナウンサーの口ぶりに、いささか妄想が過ぎると思いながら聞き続けましたが、もちろん、それがまぎれもない事実であったと知って愕然とするのは、電気が回復してテレビの映像を見るようになってからのことでした。余震が続くなか、暗闇の中で不安の一晩を過ごしたのです。

翌土曜日の朝、今度は自転車に乗って大学まで出かけました。自動車はもちろん人通りもまばらで、いつにもまして静かでした。生活の音さえたてていない町中はそれほど大きな被害を受けていないように見受けられました。大学につくと、休日ということもあってほとんど人影のない構内で、ヘルメットをかぶった幾人かの同僚に会い昨日の様子などを聞いた後、まず二階の事務室に行ってみました。そのときはちょうど四月から文学部・文学研究科の副研究科長の役職に就くことが決まっていたこともあり、全体の様子などを把握し、必要な事態に対応しなくてはならないかとも思われたからです。休日にもかかわらず幾人かの事務職員が出勤してきていたので、様子を聞いてみましたが、もちろんまだ被害状況の把握などは進んでいませんでした。幸いけが人などは出なかったと聞いて安堵し、とりあえずの情報を得た上で、建物最上階の九階にある自分の研究室まで登っていきました。

誰も来ていないなか、研究室を開けようとしたのですが、ドアがまったく動きません。力任せに押し続

「ふるさと」が根こそぎ流され奪われていく――直接被災した人々はもちろん，その喪失という途方もない虚脱感を，世界中の多くの人々が共有した。
（津波で壊滅的被害を受けた直後の気仙沼市　写真上：2011年3月15日　提供・The New York Times / アフロ 、写真下：同3月17日　提供・AP/ アフロ）

けていると、何とか少し開きました。手を差し入れて扉を塞いでいる本を少しずつ取り除いていくと、次第に扉が開くようになってきました。中が見えるまで開いたところで覗いてみると、壁の両側の天井まである本棚の本がことごとく落ちていて、部屋の中でまるで山をなしているという状態でした。これらが扉を塞いでいたのです。身体を無理矢理すべり込ませて机の方を見てみると、パソコンなど机の上のものはほとんど下に落ちていて、不思議なことに、購入したばかりのプリンターだけが辛うじてコードにぶら下がった状態で宙に浮いていました。本をとりあえず床の上に積み重ねて扉が開くようにした上で、今度は専攻分野の合同研究室に行ってみました。この研究室には、西洋哲学の古代ギリシアから現代までに及ぶ基本文献が図書館から借り出されて備え付けになっているのですが、こちらも同じようにすべてが本棚から落ち、さらに壁に固定されていなかった本棚は本もろとも倒れていて、足の踏み場もない悲惨な状態でした。こちらも本を積み重ねて、とりあえず身体が動けるスペースだけは作っておいて、その場を後にしました。

後で聞くと文学研究科では、どの研究室も似たような状態であったようです。けが人もなく、建物の崩落などもなくこの程度の被害で済んだのは、この地震の一年前に建物全体の耐震補強工事を終えていたことが幸いしたのでしょう。東北大学全体ではかなりの建物に大きな被害が出て、取り壊して建て替えなければならないものも少なくなかったのです。

二日後の一三日の夕方に電気が復旧したので、喜んで電気を灯し、早速テレビをつけてみました。どのチャンネルを回しても、地震とその後の津波の被害の様子が、文字通り生々しく放映されていました。津波が町を、人々を飲み込んでいく、たくさんの、一人ひとりの大切な思いを育み受け止めてくれていた「ふるさと」が根こそぎ流され奪われていく——取り返しようもないと思われるこの被害の甚大さを目の当たりにして、言葉にならない声を飲み込むばかりでした。「ふるさと」の喪失という途方もない虚脱感を思うと、涙が流れるのになすすべもなく身をまかせるほかはなかったのです。

しかし、茫然としている間もないうちに、福島第一原子力発電所の事故の様子が伝えられ始めました。何ということか。あれほど安全が謳われていた原子力発電所が地震と津波で電源のすべてを失い、冷却装置が動かなくなって、炉心溶融（メルト・ダウン）の危険が迫っているらしいというのです。それも一号機から四号機までもが。しかも、一号機は一二日の午後にすでにガス爆発を起こしており、放射性物質が大量に放出されているというのです。原発から一〇〇キロ近くの仙台も汚染される可能性が否定できない状況のなかで、現にインターネットのアメリカＡＢＣ放送では、アメリカ軍は九〇キロ圏内から撤退すると報じていました。いまでは、すでに早い段階で炉心溶融が起こり、燃料が原子炉格納容器を突き抜ける危険な状態であったことが明らかになっていますが、ご存じのように、政府も東京電力も、その当時はまだそのような段階ではないと言っていました。一二日の夕方には、半径二〇キロ以内の住民に避難指示が出されていたことが明らかになると、その範囲がいつ一〇〇キロに、いやどこまでも広がっていくのではないかと懸念せざるをえませんでした。当時は、私の周囲でも若い知人のなかには仙台を離れて遠く沖縄にまで移り住む人も出ていました。出張先の北海道や遠方から仙台に戻るのをしばらく思いとどまっていた人も多数いました。

近代以降の科学は「人間生活の真の豊かさ」を目標に掲げてきた（ベーコン『ノヴム・オルガヌム』）はずですが、その最先端に位置づけられ平和利用を標榜してきた原子力が、逆に人間生活の根幹を揺るがす事態をもたらしたわけです。この事故に関して科学者たちは「想定外」という言葉を、いってみれば責任回避の手段に繰り返し使ってきましたが、起こりうる甚大な事故の可能性を「想定外」といって切り捨てようとするのは、人々の幸せを目標とすべき科学からはあまりにも遠く隔たった非科学的な態度だと言うべきでしょう。福島県内の一五万人以上の方たちが今なお「ふるさと」を追われ、帰郷する目途がまったく立たないなかで、いわば「異土」での避難生活を送っていますが、帰郷が著しく困難なこの現代の「ディアスポラ」(ふるさと追放)に、原子力政策を推し進めてきた、そしてまた推し進めようとしている人たちは罪と責任の意識を持たなくてはならないと思います。というのも、彼らが「想定外」を口にしている限りは、これからも私たちはいつもこの「ディアスポラ」が起こる危険性に曝され続けるほかはないからです。

「ふるさと」を失い、また追われることは、私たちの誰にとっても最も不幸なことではないでしょうか。その「ふるさと」のことを私たちは今どのように考えればよいのでしょうか。ここでは、「責任」という言葉を糸口に、そこからさらに「生きること」への問いへと進んでいくことで、その手掛かりを探ってみたいと思うのです(この「私の被災体験」については、『今を生きる――東日本大震災から明日へ! 復興と再生への提言 第一巻 人間として』(東北大学出版会)の「まえがき」も合わせてお読みいただければ幸いです)。

## 私たちが生きていく責任の重さ
### ――どうしようもないけれど、無責任というわけにはいかない

私たちは無力です。しかし、その無力ゆえに、震災で亡くなった方々に対する「生きていく責任の重さ」が強く意識されるのではないでしょうか。東日本大震災以降、『方丈記私記』(ちくま文庫)で堀田善衛が述べた「人間存在というものの根源的な無責任さ」という考え方があちこちで引用されました。

「本所深川方面であるにきまっている大火焔のなかに女の顔を思い浮かべてみて、私は人間存在というものの根源的な無責任さを自分自身に痛切に感じ、それはもう身動きもならぬほどに、人間は他の人間、それがいかに愛している存在であろうとも、他の人間についてなんの責任もとれぬ存在

物であると痛感したことであった。それが火に焼かれて黒焦げとなり、半ば炭化して死ぬとしても、死ぬのは、その他者であって自分ではないという事実は、如何にしても動かないのである」
（一六頁以下）

堀田は、昭和二〇年三月一〇日の東京大空襲に関する各種の報告を取り上げて、「死者七六，〇五六名、負傷者九七，九六一名、合計一七四，〇一七名となっている」（14頁）という数字を挙げ、さらに鴨長明の『方丈記』における安元三年（一一七七年）四月二八日の京都の火災の記述を重ね合わせ、先の引用文の後半で続けてこう述べています。

「ということになれば、そうして深く黙したまま果てることができないで、人として何かを言うとしたら、やはり、その中の人、現し心あらむや、とでも言うよりほかに言いようというもののもないものであるかもしれない……」
（一七頁）

震災に限らず、私たちは自分の無力ゆえに「喪われた者たち」に対する「生きていく責任の重さ」を強く意識させられてしまいます。この「苛酷さ」を、堀田は「その中の人、現し心あらむや、とでも言うよりほかに言いようというものもないものであるかもしれない……」というたゆたう表現によって言い表しているのです。

ちなみに辺見庸氏は『死と滅亡のパンセ』という作品のなかで、堀田のこの言葉を鉄面皮な言い方として痛烈に批判しています。しかしここでなぜ堀田が「人間存在の根源的な無責任さ」という言葉を用いたのかは、『方丈記私記』を読み進めていただければよく分かるはずです。興味のある方はぜひ読んでみていただきたいと思います。

## 求められる「責任の問い」――残された者は、死ぬためでなく、生きるために生きる

自分の眼の前で、愛する人たちが津波に飲まれていく。強く握っていた手がもぎほどかれて愛する者たちが流されていく。どうしようもない無力感と喪失感。生と死を分かつ瞬間のむごさ、それをどうして「無責任」という言葉で片づけることができるでしょうか。

人間の手ではどうにもならないことです。それでも無責任と言い切るわけにもいきません。やはりどうしても「責任の問い」を私たちは求められるのです。

たとえば、アリストテレスは次のように述べています。

「なされたこと、起こってしまったことを取り戻すことは、神にさえできないただ一つのことである」

神にさえできないのですから、さしあたって私たちは「人間存在の根源的な無責任さ」と言って自分自身を納得させるしかないでしょう。もちろん納得などできるわけはありませんから、日々自問を繰り返し悩み続けることになるのでしょう。

堀田は、「人は、生きている間はひたすらに生きるためのものなのであって、死ぬために生きているのではない」(六一頁)と強く述べています。死ぬためでなく、生きるために生きている。私たち生き残った者、生き残された者は、喪われた者たちとどのように関わりつつ生きるべきなのかと、やはり自分に問い続け

なければなりません。それは、とりもなおさず私たちの「想像力」を問い質すことだと言えるのではないでしょうか。

## 「死」を切り離すな

鴨長明の『方丈記』は中学校の国語の教科書にも載っていますから、知っている人は多いと思います。

「ゆく河の流れは絶えずして、しかももとの水にあらず。よどみに浮かぶうたかたは、かつ消えかつ結びて、久しくとどまりたるためしなし。世中にある人と栖と、又かくのごとし」（岩波文庫、九頁）

中学生がこれだけを読むと、「人のいのちも人の世の営みもみな、河の澱みの泡沫と同じように、生まれては消え、消えては生まれる、束の間の出来事にすぎない」という無常観を読み取ることでしょう。ただ実際に読み進めていくと、その淡々とした筆致のなかに、無常観ばかりでなく、当時の人々の生き様、死に様、おびただしい数の「死者たち」が描かれていることに気づかされて愕然とします。私は中学二年生でこれを読み、そうした感想文を自発的に書いたことがありました。たとえば、養和元年と二年（一一八一年と一一八二年）の飢饉の記述によると、京市中に浅ましい行いが蔓延し、餓死者が増えていく様子がしたためられています。そうしたなかで、「いとあわれなる事」が起こります。

「その思いまさりて深きもの、必ず先立ちて死ぬ。その故は、わが身は次にして、人をいたわしく思ふあいだに、まれまれに得たる食物をも、かれに譲るによりてなり。されば、親子あるものは、定まれる事にて、親ぞ先立ちける」

（二〇頁以下）

仁和寺の隆暁というお坊さんが、四、五月の間、京の中心部分の内裏から西半分の右京という地の道端に横たわっている死者の成仏を念じてその額に「阿」という梵語の字を書き留めながら数をかぞえたところ、「四万二千三百余りなんありける」という有様であった（二二頁）と、長明は淡々とした調子で記しています。

この時代だけでなく、戦乱の世の中であればもちろん、平時であっても飢饉の際には、おびただしい数の人々が道端でいのちを落としていったのでしょう。京においてそうならば、日本国中いたるところ死に逝く者たちのうごめきが、そして死者たちの苦悶の有様が身近にあったことは想像に難くありません。私たちは今高度な文明のなかで生活を謳歌していますが、ついこの間の第二次世界大戦の終わりまではそのような状態が普通にありえたのです。ちょっとでも想像の翼を広げてみれば、道端に横たわっている死者を思い浮かべることもできるわけです。それは現在でも、実際に世界で起こっていることでもあります。

ところが、私たちの時代には、死に逝く者、死せる者を劃然と切り離すシステムが機能しています。生ける者と死者はもちろん、死に逝く者たちでさえ、日常と非日常の截然とした区別のなかに置かれています。喪われ逝く者は、すでにその兆候が見えるであろう以前から、「病院」などの施設に切り取られてしまいます。ごく数十年前までは、死に逝く者は家族に看取られることが普通であったのに、これはいったいどうしたことかと、改めて考える必要があると思います。いまや巷に死に逝く者たちの断末魔の声が聞こえるなど、あってはならぬことである、と私たちは当然のことのように思っています。これは確かにそうなのです。でもこれは死を遠ざけることを正当化することに繋がるのではないか、と思います。

## 他者の苦痛を臓腑で引き受ける

想像力を行使してみましょう。たとえば、『方丈記』の作者の時代に思いを馳せてみましょう。長明は元暦二年（一一八五年）七月九日の大地震とその余震が続いて、京の街並みが崩れ落ちていく様を描き出しています（同前二二頁以降）。それは私たちにとって、あの阪神淡路大震災、東日本大震災を想い起こさせるものです。私たちも想像力を駆使して、あの津波に飲まれて行きつつある一人ひとりのことを、共感・共苦を持って受け止めることが必要ではないでしょうか。もちろん、それが容易なことでないことはわが身に照らして充分理解しているつもりですが。

実際のところ、死に逝く者たちのことをどのように想い起こせばよいのでしょうか。これは大きな、そして困難な問いです。震災後、当初は、様々な映像のあちこちに、津波に翻弄される人々の姿が見てとれたものです。わが家のすぐ近くの花屋さんに震災後水をわけていただいていたのですが、その息子さんが宮城県庁に勤めていて、震災後しばらくは、遺体の検死に立ち会っておられ、その様子を伝え聞くことが幾度かありました。津波の被害にあった街の至るところに遺体があって、眼を覆わんばかりの惨状であったと聞きます。こうした情景も、もちろん私たちの眼からは意図的に遠ざけられています。

死は、かくも無惨であればなおさらに人々の眼から奪われていくほかはないのでしょうか。震災後、私自身の心の整理の意味もかねて、関係する様々な書物を、読み漁ってきましたが、そのなかで辺見庸氏の著書『明日なき今日』（毎日新聞社）で、一つの言葉に出会いました。「肝苦りさ（チムグリサ）」という沖縄の言葉です。臓腑の痛みが実感されるほどに、他者の苦痛を我が事として受け止めると言うことのようです。辺見氏によれば同様の言葉がギリシア語にもあるそうです。Splangknon という語から派生した Splangknizomai がそれです（同前一二五頁）。ギリシア語の辞典などを引いて調べてみると、splangknon は、

「犠牲獣の内臓を食べること」を意味し、そこから splangknizomai は「犠牲者の苦痛に臓腑を通して共感する」という意味が生じているというのです。

新約聖書にこの語が採られていて、その一つが、ルカによる福音書の一〇章二七－三七節の有名な「良きサマリア人」のたとえ話のなかに出てきます。死に逝く者への同情心がよく現れている例として紹介しましょう。これは、イエスが「自分を愛するように隣人を愛しなさい」という言葉の意味を問われたときに示した具体的なたとえ話です。あるサマリア人がやってきて、強盗に襲われて道端に倒れている見ず知らずの瀕死の旅人に遭遇します。そこでイエスが「そしてサマリア人は彼を見て深く憐れみを覚えた καὶ ἰδὼν ἐσπλαγχνίσθη」と述べる箇所です。通常はこのように「深く憐れみを覚えた」と訳されるようですが、このような訳はラテン語訳聖書（et videns eum misericordia motus est：そして彼を見て、憐れみの感情に突き動かされた）以降一貫しているようです。ルターはそっけなく「サマリア人は彼を見て憐れんだ und da er ihn sah, jammerte ihn sein」と訳しています。

イエスの描く、そのサマリア人のそのあとの行動を見ると、瀕死の旅人に対する彼の同情心は私たちの通常の常識を遙かに超えています。見ず知らずの人に対するというよりも、まるで肉親に対するような丁寧さです。そのことからすると、splangknizomai は、わが身を切られるような悲痛な愛情を覚えた、と言っても良いくらいのように思われます。

こうした観点からすれば、人々が死んでゆく様を無責任に傍観していていい、ということはけっしてありえません。死に逝かんとする者を「内臓をえぐられるような苦痛の感情」をもって看取る――これはもちろん「人間存在の根源的な無責任さ」ということで単純に片づけられてはならない、生ける者の引き受けるべき責任の一つの取り方ではありえるでしょう。私の貧しい理解からすると、隣人を愛するとは、おのれの「根源的な無責任さ」を深く噛みしめた上でなお、このように、他者の苦痛を我が事として引き受け、その他者の幸いを自らの喜びとするということであるように思われます。

## 母を喪うということ――哀しみと愛《かな》しみ

私は高校二年の四月に母親を亡くしました。数年前から胃癌を患い、前年夏に開腹手術を受けたのですが、手の施しようがないということでそのまま縫合し、数週間後に退院して家で過ごしていました。本人には手術は成功したと言ってあったのですが、だんだん身体が衰えてきて寝込むようになりました。

私はいつの頃からか夜型の生活になり、ふすま一枚を隔てて母が寝ている隣の部屋で朝方まで本を読むという生活をしていました。四月一七日の、朝四時頃であったか、「ゆたか〜」と私を呼ぶ母のか細い声に気づきました。ふすまを開けると母が弱々しく私を目で呼んでいます。傍により「母さん」と言うと、朦朧とした意識がいままさに遠のいていきそうでした。慌てて咄嗟に母の頬を打ちました。一瞬母は眼を開いて私をじっと見て、そしてそのまま逝ってしまいました。無我夢中で何度も何度も母の身体を揺すってみましたが、目を覚ますことはありませんでした。

「肝苦りさ」――腹の底からこみ上げてくるどうしようもない嗚咽、苦しみ、哀しみ、そして喪失感。当時は言葉で表現しようがありませんでしたが、今思うと、そのときの感情は「肝苦りさ」として受け止められる気がします。もう取り返すことができない「いのちの営み」への限りない哀惜、哀しみが「愛《かな》しみ」と一つであることを知ったときであったと言えるでしょうか。大切な人を亡くすとき、哀しみと愛情とが深く結びついた、「肝苦りさ」という他者への共感を経験するのではないでしょうか。

人の死のことを思うとき、私はいつもこのときの哀しみを想い起こし、そして想像します。喪われ逝く者も、そしてそれを見守る者たちも、おそらく皆同じ思いをしているではないか。また、見守ることができない場合であっても、喪われ逝くいのちを思って、限りない哀しみを覚えるのではないか、と。その思いをどこまで広げることができるか、たとえば世界中で飢餓に苦しむ人々にまでその思いを広げられるか、私には自信がありませんし、また自分に請け合うことも無論できはしません。しかし、それを想像力の原点にできるのではないかとは思います。いや少なくとも、そうするよう努める必要はあると強く思います。

その想像力は、あの震災で被災した人たちにも、戦争の惨禍や飢餓にあえぐ世界の人々にも、そしてさらに核廃棄物を残される将来の世代の人たちにも広げることができるのではないでしょうか。そのためにも、まずは「生きること」への問いへと立ち帰らなくてはなりません。

## 「なぜ生きるのか」が自己肯定に繋がる

「生きること」への問いというのは非常に厄介で、これに対する答えを私は持っていません。死ぬときに「生きていてよかった」と言えたなら、それが生きることの意味なのではないか、と漠然と思っているに過ぎません。ただ、生きることはどういうことなのかという問いが目覚める時点のことは、哲学を事とする者として考えることができます。この問いが生まれたときの「私」の意識のありさまに目を向け、そこで何が起こっているのかを見つめることが、冒頭で述べた「ふるさと」の在り方を見届けることに繋がるかもしれないと考えるのです。

母が亡くなった際、私はどうしようもない寂寥感にとらわれていました。「何のために生きているのか」、「なぜ生きているのか」という問いが非常に重くのしかかり、ほとんど出口のない状態でした。しかしその苦悩は、当然ながら生きているからこそ発せられるといえます。そもそも、意識する私が始まりにいるからこそ、その問いが発せられ、そして意識される。つまりその問いを意識しうる自分に気づくことは、すでにしてその問いを自らのものとして引き受けなくてはならない「自分」がいてはじめて可能だ、ということです。「なぜ生きているのか」という問いは、ネガティブなものであり、自己否定的であると思われがちですが、実はこの問いは私が自発的に発しているのであって、そのことが私の生の営みとしてすでにして意味を生み出しているのではないでしょうか。いわば、自己否定のこうした否定的な気分にこそ自己肯定の始まりがあるのではないでしょうか。少し難しくなりますが、翻ってみれば、浸り沈み込む否定的な気持ちのなかに、却って自己否定を正当化する、いや正確には自己否定を可能にする肯定的な意識の働きが潜んでいるということにもなるように思えます。もっと積極的に言えば、自己否定の意識こそ、却って生を生たらしめ、生を肯定する意義をもちうるのです。自己否定の意識とは、取るに足りない自分の存在を受け止めることにほかならないからです。

今にして思えば、「人生の意味を問うことの虚しさ」の意識から次の二点が抽出できます。一つは、これは「自己」を確認する始元的な働きであるということです。つまり、自己の存在の虚しさを意識することが、却ってその存在を証しする根源的な営みになるということ、したがって、先に述べたように、懊悩の自己否定の意識こそは却って人間の生の根源的なありようなのではないか、ということです。もう一つは、自己否定の懊悩はけっして無意味ではないが、そこに沈み込んだままでいることはできない、いや、いてはならない、ということです。そのことは、自己否定のもちうるであろう、ある種積極的な意味づけ——自己否定は私が私であることを否定しますが、そこからさらに私が「私とは別の私」、つまりは他なる私へと進展しうるということ——からも推測しうるように思われます。ハイデガーという二〇世紀のドイツの哲学者が言うように、「人間の本質の規定はけっして答えではなく、本質的に問いである」(『形而上学入門』)というのであれば、問いかけることこそが生きること、生きている証なのだと言ってもいいでしょう。

## 「生きること」の問いから「生かされてあること」へ

「生きる」とはどのようなことかという問いは、すでに「生きている」からこそ発することができる——一見単純なように思われますが、実はけっして簡単に理解可能なことではありません。実際こう言われたからといって、私たちはけっして「生きる」ことの意味への問いかけをやめたりはしません。この生の意味への問いが「私が私であること」の意識、すなわち自己の自覚から始まるというのであれば、この問いそのものが問いかけるおのれ自身へと投げ返され、かくしてこの問いを自分自身に引き受けざるをえないのです。

この世界は、原因と結果の連関のなかに成り立っていると言えます。私の生もまた当然、親という原因の一つの結果として生じています。しかし、「生きること」の意味を問いかけ始め、この生を私のものとして意識するとき、あるいは、親の死に会って余儀なく意識させられるとき、私たちは親と子の因果連関からすでにして抜け出していると言わなくてはなりません。誇張した言い方をするなら、意識的自覚によって、私たちは自立した個人として、この世界に屹立すると言えます。「生きること」の意味を問い始め、「私」が「私」として意識される、この始元の働きを、哲学者フィヒテは人間の「根源的な自由」と言うわけです。意識することは誰にもとめられません。根源的に自由な働きです。

しかし、この自由はけっして私だけによって成り立つのではありません。他者がいなければ、私は私であることを自覚できないからです。これは、「私」とは「関係の総和」であり「関係の結び目」である、という考え方です。先ほどのハイデガーは、人間(「現存在」)は本質的に「共同存在」であるとも述べています(『存在と時間』)。私たちがこの場この時に存在していることは、同時に他の者との関わりによって成り立っている、「現存在がたったひとりである場合も、それは世界における共同存在としてあるのである」、つまり私が「たったひとり」であるということは、他の人たちとの関わりのなかでのみ言えるということです。単純に言えば、一人では生きていけないということです。

先ほど述べた、一切の因果連関から屹立する「私」も、それが「ひとりであること」の意識としてあるからには、「共同存在」がそれに先立っているはずでしょう。言ってみれば、「生きること」は「生かされてあること」によって可能になっているということではないでしょうか。

## 「喪われた者たち」の記憶によってこそ「私」は保持される

フランスの哲学者デカルトの「コギト・エルゴ・スム」(考えるからこそ、私は存在する)という言葉を聞いたことがあるかと思います。私が考えるということこそが私の存在の始まりだということですが、この「私」とは何だろうか、というのは厄介な問題です。瞬間的に見ると、「私」は他の一切のものとの関係から切り離されて自由な存在者として見ることができます。もちろん「私」の意識は瞬間的なものだけではなく、空間的・時間的に継起し持続するものです。そしてこの継起と持続を可能にするものとして「共同存在」があるのではないでしょうか。つまり、「私」は一旦は、他の一切の者との関係から切り離された「瞬間」に、自由な存在者として屹立しつつも、と同時に他の者との関係のなかではじめて「私」の意識を持続的に保持すると見るべきなのではないでしょうか。他のものとの関係のなかで保持されるこの意識の持続において、「私」の存在が空間的・時間的に積み重なっていく。この積み重なりを私たちは「記憶」と呼んでおり、少なくとも「私」の独自性は、この記憶を呼び起こしうるところに辛うじて保持されているのだと言えるように思われます。

ここで私が言いたいのは、「私」の独自性はむしろ、「喪われた者たち」の記憶によってはじめて保持されるのだということです。他のものたちと共にしたどのような記憶が保持されているのかによって、私の独自性の意識は際立つのだと言ってもよいでしょう。とりわけ「喪われた者たち」との記憶がどのようなものでありえるのかが「私」を優れた意味で決定していくように思います。もちろん、彼らは血縁者に限る必要はなく、どのような関係においてでもいい。結縁者であれば充分でしょう。その結縁をどのようなものとして受け止めることができるのかが私の「生き方」を決定するのです。

たとえば、いま私がこうしてこのような考えを紡ぎ出さざるをえなくしている「喪われた者たち」――、私の脳裏を、様々な人たちのことがよぎっていきます。すでに亡くなった父や母、兄弟、叔父や叔母、甥や姪といった近親者たち、恩師や友人、知人といった私に様々な影響を及ぼした多くの人たち、そして不慮の死を余儀なくされた数知れない人たち、いわば私が「いのちの記憶」を共有している人たちのことです（もちろん、今の私の記憶のなかにあるすべての人たちを殺してしまうわけにはいかないのであって、将来への「いのちの繋がり」の連関のなかに想像できる人たちも含めなくてはならないかもしれません。そのなかには、大げさな言い方をすれば、何万年後かに、不用意に核廃棄物のふたを開けてしまうかもしれない未来の誰か、が含まれていてもよいでしょう）。

このような彼らによって、つまりは、私たちは「生かされてある」のではないでしょうか。そうだとすれば、先ほどの「私」の個としての意識の自由は、持続的な観点からするならば、他のものたちによって支えられ、生かされているのであって、深く「共同存在」に根を下ろしているものだということになるでしょう。冒頭に挙げた「ふるさと」は、「生かされてある」ことを私たちに保証してくれるものだと思うのです。

## 「ふるさと」はアイデンティティの源――自然と共に！

いま、他のものたちとの関係の記憶を空間的・時間的に持続させ保持するところに「私」の独自性が生じるのではないか、と述べました。そして、他のものたちを「喪われた者たち」によって代表させました。しかし、この「他のものたち」を空間的・時間的に広く捉えるなら、何も人間に限る必然はありません。本書の第二章、第三章で述べられるように、他のものは魚でも森でもいい、「私」はそこに関係して生きています。むしろ「私」の記憶にある空間的・時間的広がりそのもの、しかもそのなかでも「私」の生きる「よすが」となりうるものを「他のものたち」に加えるべきではないでしょうか。その総体が「ふるさと」と名指されるのです。

以下、「ふるさと」の定義として、私の考えときわめて近い文章を引用させていただきます。アンゲーリカ・クレプスの『自然倫理学』「第五章　ハイマート(ふるさと)論」に出てくる文章(加藤・高畑訳、みすず書房、一一一頁)です。

> 自分が生まれたところの風景に親しみと安心の肯定的感情を経験することは、人間の善き生にとって普遍的な基本的選択肢である。その一方で、個性・他者と異なっていること・特殊なアイデンティティを持つことへの欲求は、人間の善き生の核心部分に属する。生まれた場所の風景によって自己自身を理解することは個性を表現する共通の形式なのである。
>
> われわれ自身の善と他者の善とを考慮して、自然が人間のハイマートの要素であるならば、それは守られるべきである。

つまり、共同的な関係においてこそ、「私」の独自性は生まれるのです。「私が、私が」と言っている人には独自性など無いわけです。私たちは風景や環境のなかでこそアイデンティティを保持し、独自性を獲得していくのです。これを西欧では「善き生」と呼んできました。アリストテレス以来、最も優れた人間の生き方であり、ヨーロッパの思想にとってはきわめて重要な概念のひとつです。

生まれた場所（ふるさと）の風景のなかで自分を考える、そして「私」は「私」であるというアイデンティティを持つ。もちろん東日本大震災のように、その風景が津波によって流され失われてしまうこともあります。でも、「ふるさと」はなくなりません。各人の心のなか、人格のなかに確固としてあり続けるからです。

クレプスは「自然を守れ」とも言っています。自然は守られるべきです。自然科学の立場からの話は第二章、第三章で詳しく述べられますが、ここでは、自然は「ふるさと」であるから、私たちは自然を守るべきなのだ、と述べておきたいと思います。

私たちの「生きること」の力はこのような「ふるさと」への思い、「ふるさと」の支えによるものであるように思われます。その力はいわゆる「客観的な」時間と空間を超えて大きく広がることもあれば、小さく萎縮することもあるでしょう。その違いはひとえに、私たちと「ふるさと」との時間的・空間的関わり方にかかっているように思われます。「ふるさと」との繋がりが強ければ強いほどその力も強まり、弱まれば「心」も萎えてしまいます。そのことは、私たちの精神が、「ふるさと」を通して涵養されていることを如実に物語っていると言えるでしょう。それは「いのちの繋がり」によるのだとも言っていいかもしれません。もちろん、ここで言う「いのち」は私一人のもののことではありません。親と子、あるいは近親縁者、友人、知人、街の人たちとの関わりのなかで育まれ、結びあい、繋がっているものです。それゆえ、その繋がりは、時間的には過去、現在そして未来へと連続し広がり、そして空間的には街、および街を取り囲む「社会」や「世界」、そして「自然」へと連続し伸び広がっています。その時間的・空間的連続と広がりをどのようなものとして受け止められるのか、それはまさしく私たちの想像力いかんにかかっているのです。

## 想像力の拠り所としての「ふるさと」

### ――「喪われた者たち」の記憶と共に生かされる

眼を閉じてみてください。どのような「ふるさと」が思い浮かぶでしょうか。はるか彼方の遠い記憶のなかにかすかにあるものでしょうか。それとも眼前に直接彷彿としてくるような、生々しい「実像」として現出しているものでしょうか。

もちろん良いことばかりではないかもしれません。「ふるさと」を追われる体験をした方もおられるでしょう。苦々しい、思い出したくもない様々な光景や情景が脳裏をよぎっていくばかりかもしれない。あるいは、すでに失われた「ふるさと」への、喪失感が胸を塞ぐばかりなのかもしれない。しかし、遠い、帰ることのできない、すでになくなっている「場所」であるにしても、「ふるさと」は私たちの記憶のなかに「現前」してきます。何よりも私たちの「いのち」を支えるものとして、「いのち」の繋がりの記憶として。

新興の住宅団地も、一〇年がたち二〇年がたてば、そこで生まれ育った人たちにとって「ふるさと」になりうるように、数十年の間にまったく姿を変貌させてしまった街もまた、なお私たちの「ふるさと」でありえるでしょう。喪われた街々にも人々が強い愛着を持つように、その土地、その場所は私たちの記憶のなかに「ふるさと」として現前し続け、それゆえに、私たちの「いのち」の支えになりうるのでしょう。それはなぜでしょうか。「ふるさと」こそは私たちの「想像力」の源泉、拠り所だからです。あるいは、帰るべき「みなもと」、したがって、想像力の「みなもと」であると同時に、想像力の行き着くべき目的地、終着地だと言ってもいいでしょう。そのわけは「いのちの繋がり」という観点から見ると分かりやすくなります。

私たち一人ひとりのいのちは、長い「いのち」の繋がりのなかの一つです。過去を辿れば記憶の連鎖のなかで、どこまでも遡っても果てしがないように見えます。未来へと視線を転じれば、いつかは途切れるであろうにしても、これまた限りなく伸びていきそうでもあります。この連関の「いまとここ」に私たちのいのちは「ある」、いや、この連関のなかで「生かされてある」。過去と未来とに通じているというところからすれば、私たちのいのちは、「始まり」から「終わり・終着地」へと絶えず流れ続ける「いまとここ」にあるのだと言えるでしょう。まさに、この「いのち」こそが、そしてそれを育む「いまとここ」こそが「ふるさと」そのものなのです。この「いのち」の繋がりのなかで「喪われた者たち」の記憶と共に、彼らが私たちと共に「生きてあり」、そして私たちが彼らによって「生かされてある」。したがって、やがて到来する将来の人々の「いのち」は、むろん私たちの生き様によってその在り方を決定されるということになるでしょう。

いずれにしても、このような「いのちの繋がり」は、さしあたっては私たちの想像力によって結ばれるほかはないものです。しかし、「ふるさと」は、それをより確固としたものとして支えてくれるのではないでしょうか。何よりも「ふるさと」は、私たちのすべての「始まり」であり、そして帰りゆくべき「家郷」だからです。

## 想像力と「良心」 ——良心に恥じない、「ふるさと」に恥じない

「ふるさと」における人々との、また様々な自然的世界との共生の記憶が、私たちを支えています。それはいわば私たちの「良心」の源泉だとも言えるように思います。誰もが「良心」の前で、自分が剥き出しにされているという思いを抱くのはなぜでしょうか。出自から生いたちまでおのれのすべてを知られている「ふるさと」の前に自分が立たされていると思うからではないでしょうか。

もちろんそのように捉えられる「ふるさと」は、いわば理想化され理念化されたものとして考えなくてはなりません。たとえば、ドイツの哲学者カントは「良心」を人間の理性の基礎において考え、この「良心」

を「聖なるもの」としています。これはまさに人間の良い部分を最大限に理想化した試みといえるでしょう。しかし、私たちも「ふるさと」を理念化する営みのなかで「聖なるもの」に触れることができるのではないでしょうか。

このような「良心」は、「ふるさと」において共有されるべき心の最も普遍的な境地、個別的な意識においては分断されているかに見える私たちを、根底で結びつけている共同の紐帯と見ることもできそうです。もとより、有限で取るに足りない私たちにとって、それは明らかな過大な要求かもしれません。しかし、「ふるさと」がまさに心の立ち帰るべき「みなもと」であり、目指されるべき目標とも想定される、私たちの確信の深く根ざすところであるのなら、それもまた引き受けるべき課題なのだとは言えるのではないでしょうか。

このような「ふるさと」は、もちろん私たちの心の内にある、いわば想像力の源であり、所産です。しかし、それが、カントが言うように普遍的な、道徳的に「聖なるもの」であるとすれば、「ふるさと」は単に個々人の主観的な思い込みに過ぎないのではなく、むしろ、あらゆる人々や自然とも共有可能なものでなければなりません。こうした「ふるさと」は、カントに倣うなら、いわば「恥じ入るべき」高い道徳性を私たちの「良心」に求めてきます。そうであるからこそ、「人間存在の根源的な無責任さ」に打ちのめされながらも、「肝苦りさ」をもって他者と共苦する私たちに、「ふるさと」は限りのない「郷愁」を呼び起こすのでしょう。もとより、「人間存在の根源的な無責任さ」を自覚することは、多くの人たちから「ふるさと」を奪っていながら、「想定外」を理由に責任を回避しようとする「無責任さ」とは決定的に異なっています。後者は、恥じ入る「良心」などそもそも不要だと見るからです。

しかし、想像力を掻きたてさえすれば、「ふるさと」が誰にとっても「なくてはならぬ」大切なものであることはすぐに了解できる、と私は思います。「ふるさと」は私たちの生を豊かにしてくれる「聖なるもの」が住まうところ、懐かしいすべてのものたちが集いあうところだからです。だからこそ、私たちはいつどこにあっても、「ふるさと」に触れることに喜びを覚えるのです。そして、ここに、今私たちが「ふるさと」に「希望」を託さざるをえない理由があるように思われます。

最後に、室生犀星の、「小景異情」と題された詩を引いておきたいと思います。解釈の分かれる詩ですが、それだけに内容も豊かだと言えるでしょう。

ふるさとは遠きにありて思ふもの
そして悲しくうたふもの
よしや
うらぶれて異土の乞食となるとても
帰るところにあるまじや
ひとり都のゆふぐれに
ふるさとおもひ涙ぐむ
そのこころもて
遠きみやこにかへらばや
遠きみやこにかへらばや

室生犀星

第二章

# 森里海の連環から震災と防災を考える

田中 克

## 稚魚研究から震災を見る

第一章では、私たちはどう生きるかという根源的な問いが、時間的・空間的に多様に繋がるいのちとの関わりで述べられています。私たちは、そこで示される「ふるさと」という言葉に強く惹かれますが、本章では、自然科学の眼からこの「ふるさと」の内実を見てみようと思います。そうすることで、現実の「ふるさと」がどのような問題を抱えているか、その現状と未来が見えてきます。私たちが「ふるさと」と考える自然には、実は今までの学問では見えていなかった物質的、空間的、時間的な繋がりがあり、これは震災と防災を考える上でも非常に大切なものなのです。気仙沼舞根《もうね》湾をモデルケースとして見ていきましょう。

私は四〇年近く稚魚の生態を研究してきました。代表的なものが**図1**のヒラメの稚魚です。鹿児島から北海道まで日本海沿岸の浜を三年に一度、車で回りながらヒラメの稚魚を採集したりしていました。十数年にわたるそのような調査を通じて見いだした最も大きな発見の一つが、「白神山地のブナ林が日本海のヒラメの稚魚を育んでいる」、という森と海の確かな繋がりの世界でした。もちろん、ここでは〝白神山地のブナ林〟は森の象徴であり、〝ヒラメ稚魚〟は日本海沿岸の生物の代表です。

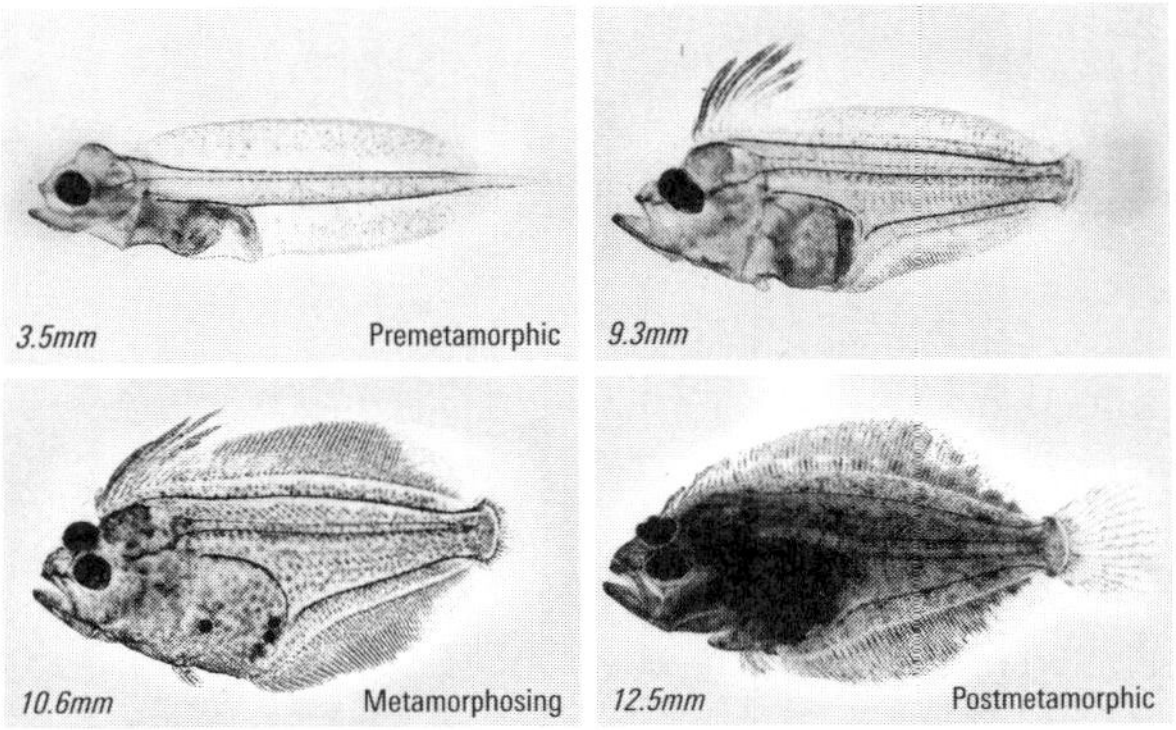


**図1**　稚魚が教えてくれた森里海連環学の原点。日本海が白神山地の豊かな森を育み、その森は海辺のヒラメ稚魚を育むことにより、日本海に“恩返し”をする森と海の不可分の関係に気づいた。

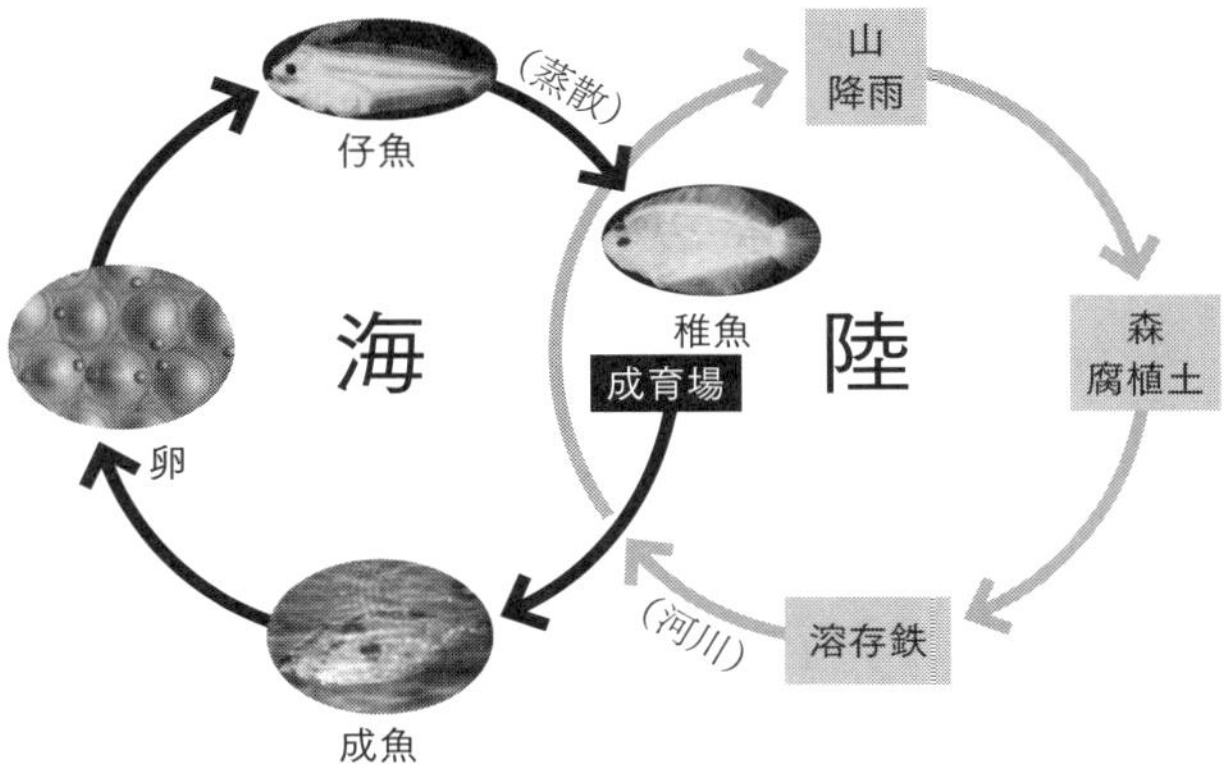


**図2**　ヒラメの生活環に見る森と海の連環。海から蒸発した水は森を育み、森で涵養された水は海に流れて、渚域を成育場とするヒラメ稚魚の餌環境を豊かにする。

図2に、海と陸の循環についてヒラメの生活環を例に示しました。海の生き物は一度にたくさんの卵を産みます。たとえば、体長四〇センチメートルのヒラメ成魚は、三〇〇万個もの卵を産みます。そのごく一部が稚魚まで生き残って、一ヶ月後にはヒラメの形に変化(変態)して水際、渚域に集まるのです。読者の皆さんが想像しやすいのは海水浴場の砂浜です。海水浴を楽しむ皆さんの足下には、とても小さなヒラメの稚魚がたくさんいて、踏みつけられないように身をかわしているのです。そして、その稚魚たちを育んでいるのが、川の水や地下水からもたらされる陸の生産物なのです。川の上流の陸域では、海から蒸発した水が雨や雪となって森を育みます。そこで広葉樹が葉を落とし、その葉が昆虫や微生物によって分解され腐植土(腐葉土)となります。腐植土が長い年月をかけて厚い層になると、そこには酸素がいきわたらない還元層が形成されますが、そこでは鉄イオンはフルボ酸等の有機酸と吸着して水に溶けた形で、川や地下水として海に流れてきます。この溶存態の鉄は海の植物である海藻、海草、微細な藻類(植物プランクトン)などが増殖

する際になくてはならない存在です。それを利用して、水際にはたくさんの植物プランクトンが増え、食物連鎖を通じてアミ類などの餌生物が増え、ヒラメの稚魚の生き残りや成長に繋がります。こうして海と陸の循環が水際を舞台に繋がっているわけです。

## 有明海——連環が断ち切られた海

私のもう一つの長く付き合っているフィールドが、九州の有明海です(図3)。ここは、かつては世界的に見ても最も豊かな海の一つであり、漁師さんからは「宝の海」と呼ばれていました。また、図のように我が国ではこの海にしか生息しないたくさんの特産種がいます。アリアケヒメシラウオ、エツ(カタクチイワシの仲間で、海に生息しているが、産卵期には川に上ってきて産卵する)、ヤマノカミ(川に生息し、冬に河口域まで下ってきて産卵する)、ハゼクチ(今までの最大体長は六四センチメートルと、とてつもなく大きくなるハゼの一種)、遺伝的に中国産と日本産の〝ハイブリッド〟であるスズキなどです。これらの特産種の産卵場は淡水域、河口域、海域等様々ですが、稚魚になるとすべて河口周辺の汽水域に集まり、そこでカイアシ類と呼ばれる動物プランクトンを食べています。

有明海というのは本当に類まれな不思議に満ちた海です。濁っていればいるほど豊かで健全なのです。というのも、図4のように、有明海の湾奥部には九州最大の川である筑後川が注いでいますが、この川には阿蘇九重山系の火山由来の大量の微細な鉱物粒子が流れ込みます。それらの粒子は海水と出会うと、互いに吸着して大きな粒になりますが、そうした粒の表面にはプランクトンの破片や糞など様々な物質が吸着し、微生物の格好の繁殖基質となって、栄養価が高い粒状物に成長します。この「デトリタス」と呼ばれる生物の死骸・排出物などの塊、すなわち有機懸濁物は最近、ウナギのレプトセファラスと呼ばれる仔魚の餌となっていることも分かってきました。皆さんご存じの深海に降り注ぐマリンスノーもこのデトリタスの一種です。つまり有明海は、栄養いっぱいのデトリタスの濁りで満たされていたわけです。それが、この有明海の、類まれな宝の海と生物多様性の宝庫の共通の根拠なのです。

しかし今、この有明海が、豊かな海から瀕死の海へと急激に様変わりしています（図5）。その象徴がア

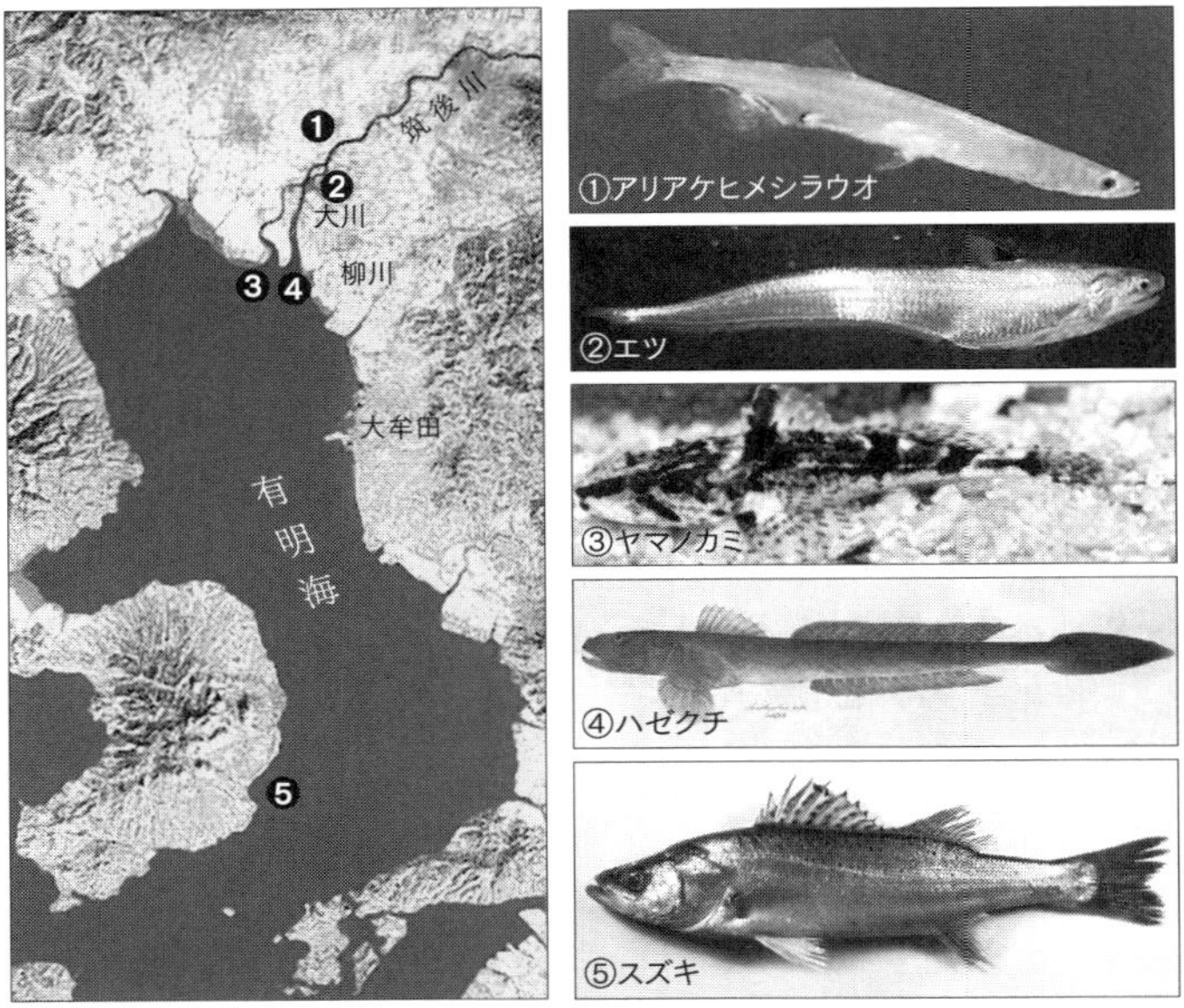


**図3**　有明海は生物多様性の宝庫。不思議の海、有明海を代表する不思議な魚たち（地図の中の数字はそれぞれの種の産卵場を示す）。

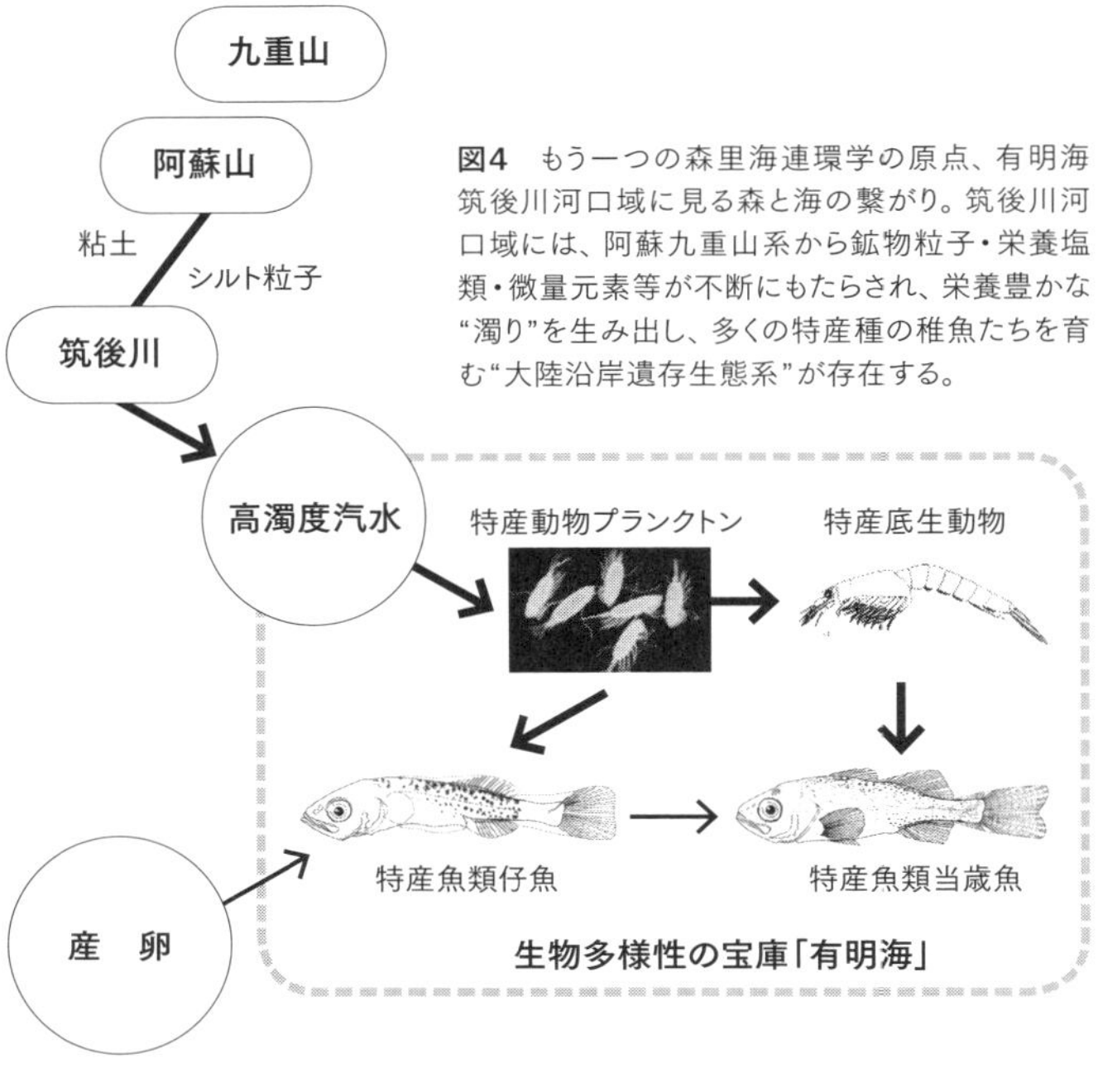


**図4**　もう一つの森里海連環学の原点、有明海筑後川河口域に見る森と海の繋がり。筑後川河口域には、阿蘇九重山系から鉱物粒子・栄養塩類・微量元素等が不断にもたらされ、栄養豊かな“濁り”を生み出し、多くの特産種の稚魚たちを育む“大陸沿岸遺存生態系”が存在する。

サリです。現在日本のアサリの漁獲量は年間三万五〇〇〇トンくらいですが、今から三〇年くらい前は、有明海だけで八～九万トンもありました。それが今では数千トンです。同じことが日本中で起こっています。なぜこのようなことが起きたのか。

一つは、筑後川から有明海に流入する土砂が減ったことです。**図6下**は、一九五〇年から五〇年間に筑後川河川敷から採取された砂利の量です。今では河川敷からの砂利採取は禁止されていますが、図に見られるようにダムの堆砂が増えていることが分かります。五〇年間に持ち出された量は、甲子園球場に山盛りに積んだとして三〇杯以上です。本来はそのうちの大半が有明海に流れ込んで、干潟を常に更新し続けていたのです。福岡都市圏では、一九八五年に筑後大堰が造られ水不足が解消されました（**図6中央**）が、本来はその水も水に含まれているいろいろな栄養物質も有明海に流れ、生き物たちを育むはずでした。海を生業としている漁師さんたち、生き物をいただく私たちの暮らしが、都市の都合によって変えられてしまったのです。

もう一つ、有明海に大きなダメージを与えたのが、皆さんよくご存じの諫早湾の干拓で

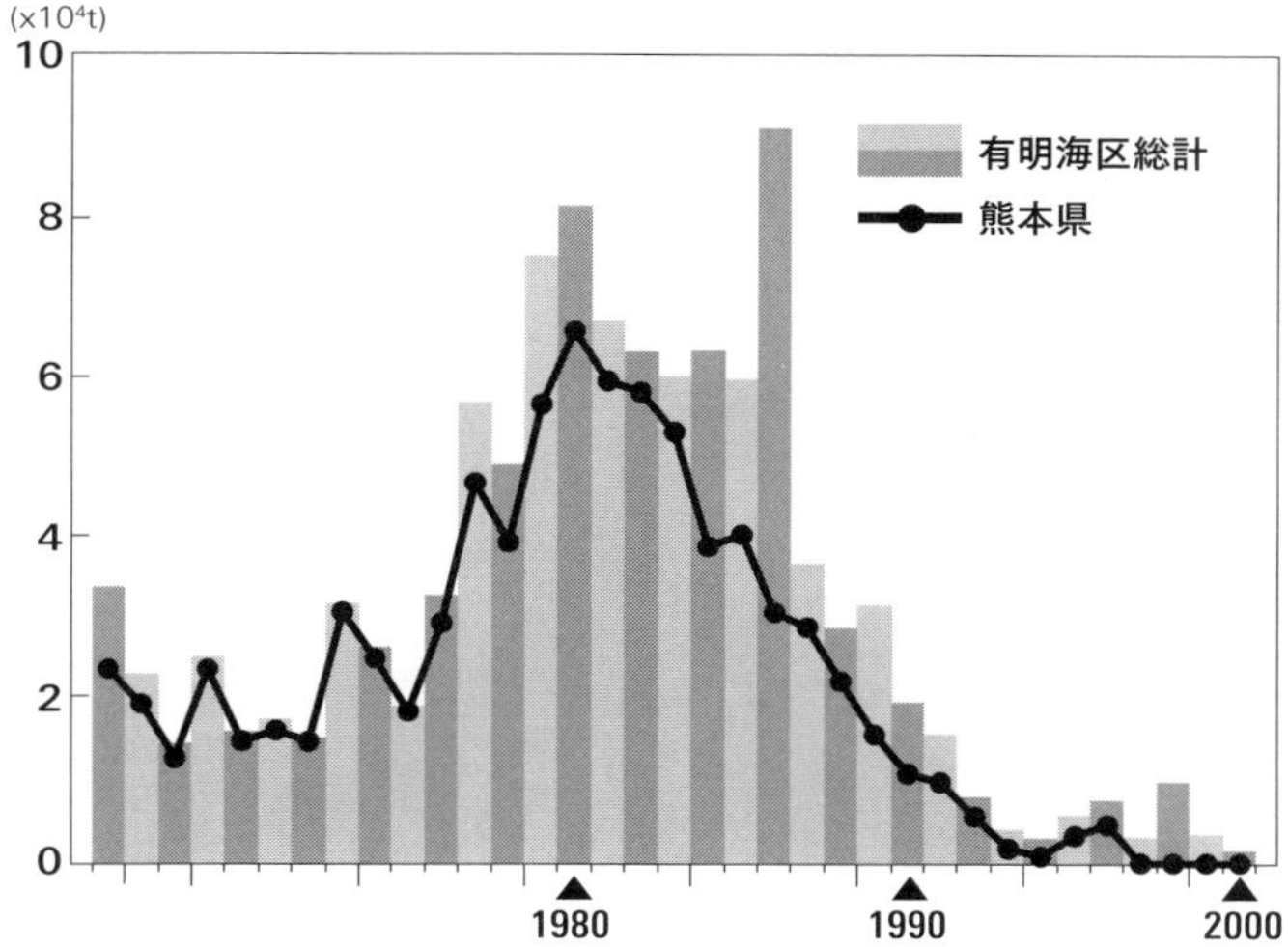


**図5　アサリ漁獲量の経年変化（「有明海の生きものたち」より）**
有明海の瀕死の海への転落をアサリの漁獲量に見る。9万トンから2000トンに激減。1980年からわずか十数年間で“壊滅状態”に陥ったアサリの漁獲量。これは愛知県三河湾を除く全国共通の問題。

す。二〇一三年一二月二〇日までに、諫早湾奥を閉め切った全長７㎞の潮受け堤防に設置されている二つの水門を開けて水の循環を良くすることで有明海の再生に繋げる調査をすべき、と裁判で決定しましたが、それが実行されるのか大きな問題になっています。**図６上**の左側が諫早湾の内側、右側が外側です。二五〇〇億円を投じて潮受け堤防を建設し、水の循環をなくして溜め池を作った結果、写真のように水は濁りに濁って、発癌性物質すら生み出すアオコが大発生し、しかもその水は常時海に流されています。裁判では開門が決まりましたが、長崎県は現時点ではそれに従おうとしていません。水門を開ければ有明海が汚染される、そして埋め立てた広大な干潟ですでに始まっている農業が塩害によって守れなくなるとい

**図6**　有明海を瀕死の海に至らしめた三大要因。それらすべては人間の当面の都合による森と海の不可分の繋がりの分断にあり、ここに目指すべき有明海再生の本道が見える（①は中尾勘悟氏提供）。

うのが県の主張です。このように、水門に関する国や長崎県の対応は混迷をきわめています。

干潟というのは一種の〝生き物〟ですから更新される必要があります。更新がストップするとアサリを始めとして生き物（底生無脊椎動物）は生きられず、食べられることのなくなったプランクトンが海底に積もってバクテリアに分解され、酸素が消費され、貧酸素になってしまいます。こうしたことが積み重なって、有明海の生物生産と環境は、負のスパイラルに入ってしまった。このことは教訓として歴史に刻まねばなりません。そんななか、後述しますが、三陸海岸では三百数十キロメートルにわたってコンクリートの巨大な防潮堤が造られようとしているのです。

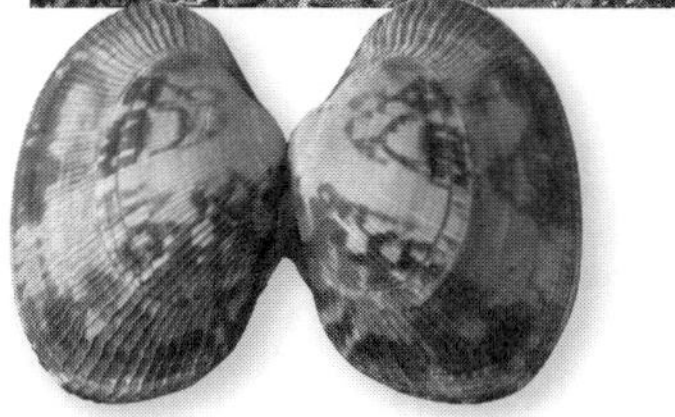

**図7**　海の生き物たちの生命力のたくましさ。気仙沼舞根湾奥部に地震で蘇った湿地・干潟に現れたアサリ。

## 被災した三陸沿岸で何が起こっているか

ところで、津波で被災した三陸沿岸で、興味深いことが起こっています。**図7**は気仙沼の舞根湾奥部で取れたアサリの写真です。この場所は少し前までは陸でしたが、建物や松林が流された後地は地盤が沈下し、満潮時には海水が入ってきます。図では潮が引いていますが、いわば元の海に戻ったわけです。そこで何が起こったか。アサリが現れたのです。図の水溜りから掻き出してみると、一七〇個体以上、大きなものは三センチメートルありました。次の世代を生み出すいのちの繋がりが、ここで生まれているわけです。このアサリがどこから来たかは明らかではありませんが、二〇一二年九月の状況ですから、であることは確かです。少なくとも一部のアサリはあの津波を何とか耐え抜いて生き残ってしばらく殻を閉じてじっと状況回復を待っていたのでしょう。そのときのストレスがくっきりと模様となって現れています(**図7下**)。有明海ではアサリがいなくなる一方で、三陸沿岸のかなりの部分でアサリが増え得る兆しが見え始めているのです。

白神山地と日本海のヒラメ稚魚の関係、有明海の豊かさと環境劣化、被災後の三陸沿岸でのアサリの復活――これらすべてに共通する本質、それは陸や森と海の繋がり、連環です。連綿と続く連環を、それに深く関わってきた、里に住む私たちが断ち切ってはなりません。しかし私たちの価値観が変わらない限り、一度破壊された連環は元には戻らないだろうと思います。

## 価値観をいかに変えるか――人も魚も大震災に翻弄された

私はずっと稚魚の研究を続けるなかで、私たちがこれだけ壊してきた自然を少しでも回復の方向へ向かわせることができないか、という思いが強くなってきました。そのためには、里に住む私たちの価値観を変えなければなりません。自然の連環を断ち切って不連続にしてしまった。現在の復興の妨げの原因も、このあたりにあるのではと思います。

私たちは、社会の在り方を、次々と現れる変化にもっと柔軟に対応できるような形――それは、「社会の免疫力」とでも言えるかも知れません――に変えていく必要があるのではないでしょうか。

森・里・海は連環し、互いに深く関わりあっている。森里海連環学は二〇〇三年に生まれた学問ですが、一人ひとりの在り方が問われる現在、この大震災からの本当の意味での復興に寄与できるのではないかと考えています。**図8**は、気仙沼湾奥を直撃した津波の典型的な写真で、皆さんは見飽きてしまったかもしれませんが、三陸沿岸で最も重要な漁港の一つです。大きな建物の屋根まで波が来て、たくさんのオイルタンクが流れて、地震・津波・火事の三つが同時に起こった典型的な場所です。私自身、魚の研究者として最初に二〇一一年四月初めにここへ来て思ったのは、「人も魚も同じように翻弄された」、「自然の前にすべてのいのちは同じ価値がある」ということです。自然の圧倒的大きさを感じ、自然への畏敬の念を取り戻す、大量生産・大量消費の物質文明を見つめ直す、近代的先端技術への過信を振り返る、現実は早くもこうした方向とは逆を向いているのではと危惧しています。人は自然といかに折り合いをつけながら持続的に循環的に生きるか、いろいろな人が知恵と力を出し合いながら、また先人の知恵に学びながら、答えを見つけていく時代だと思います。

**図8**　気仙沼港を直撃した巨大な津波。

## やっぱり海と一緒に生きたい

気仙沼湾の一つの枝湾、舞根湾周辺ではカキやホタテガイ養殖が盛んで、今世界中から注目を浴び始めています「森は海の恋人」という草の根運動の発祥の地です。そのリーダーが有名なカキ養殖漁師の畠山重篤さんですが、やはり津波でご家族の一人を失い漁場と養殖施設は破壊されました。しかし、畠山さんは、津波の直後にこんなことをおっしゃいました。「人が社会にいろいろな貢献をしていてもそうでなくても、自然はお構いなしに試練を与える。そして海と共に生きる人たちは、これだけの被害を受けてもやっぱり海と一緒に生きていきたいと思っている。海にけっして恨みはないし、必ず復興する」と。

私はこれを聞いて触発されました。しかし海の中で何が起こっているかを知ろうとしても、三陸沿岸の水産や海洋に関する試験研究機関も壊滅し大学もな

**図9**　大震災直後の舞根湾。カキやホタテガイの養殖関連施設が壊滅した（畠山耕氏撮影）。

かなか動くことができません（**図9**）。しかしできるだけ早く、できるだけ総合的に、この森と海を繋ぐフィールドで震災の影響と回復の様子を調査し、歴史的証言を世界に届け、次世代に継承していかなくてはなりません。既存の組織が動けないとなれば、ボランティアの研究者たちに集まってもらって調査をするほかないと考え、二〇一一年四月に予備調査を行い、五月下旬から、現在では北海道から九州まで一四の大学からまったくの個人として参加していただいている研究者による、海の調査を開始しました。気仙沼・舞根湾をモデルとして隔月に実施しているこの合同調査を「気仙沼舞根湾調査」と名づけて展開しています（**図10**）。

そのなかでいろいろな発見がありました。**図11**はもともとは農地で、いくつか家が建っていましたが、震災ですべての家屋と農地が壊滅し、地盤が沈下し海水が入ってきています。もともとの湿地、六〇～七〇年前の状態に戻ってきているわけです。しかし残念なことに、これだけ貴重な湿地――先ほど述べたようにアサリも現れていますし、ウナギの里でもあります――を再度陸に戻そうという動きがあります。こうした湿地は、今では、埋め立てや海岸沿いに道路をはりめぐらせることによって、日本周辺の海から消え去っています。近年のウナギの減少は、こうしたウナギの棲み場所の減少、多様な環境の減少も当然関係していると思います。私たちが湿地保全の方法を考える一方で、行政は「ここはもともとは農地だったから埋め立てて農地に戻す」と言います。非常に深刻なせめぎ合いが起こっています。

海の中では一匹のヒラメが、ハゼが、多くの卵を産みます。普通の海では生き物同士の食う–食われる生態的関係が安定しており、ある種が爆発的に増えることはないのですが、震災直後の海では、餌生物

**図10**　気仙沼舞根湾調査。支援者から寄贈された船外機付きボートにより全国から集まる研究者と学生・大学院生が、隔月の合同調査を実施。

**図11**　舞根湾奥部に蘇った湿地とそこに現れる生き物の調査が行われ、蘇る自然の姿の観察が続けられている。湿地保全をめぐり、埋め立てを進めようとする行政とのせめぎ合いが繰り広げられている。

**図12**　舞根湾奥部に蘇る海藻群落とその周辺に大量に現れたハゼの一種キヌバリ稚魚（益田玲爾氏撮影）。

**図13**　アサリの発見が確認された2012年以降、夏には気仙沼市の小学生が、総合学習の一環として、蘇る自然と生き物の様子を学んでいる（畠山信氏撮影）。

はいち早く増えてきたが、稚魚を食べる捕食者がいなくなりました。ですから、子どもの時期にほとんどが死ぬはずの稚魚が死なないで一気に増えるという状況が生まれます。

震災直後、被災地では地域の人々が明日をどう生きればよいのかと途方に暮れるなかで、そこに出かけて調査することは、本当に憚られました。せめて成果を早く報告したいと思い、八月に現地の方々に集まってもらって海の中の様子を見てもらいました。そのときに皆さんが最も感激されたのは図12のような写真です。海の中がここまで元気になってきている、海藻も生え、魚が元気に泳いでいる。それだけで現地の方々も笑顔になられました。そしてアサリが獲れ始めたということ。かつてここに住んでいて今は年配の方々は、アサリをここで獲って日々の暮らしを送っていました。震災で大きな被害を受けはしたけれども、もう一度海と一緒に生きていきたい、と現地で話し合われ、後述する巨大防潮堤は要らないという要望が早い段階で出されました。

さらに、ここは海の生き物たちにとって素晴らしい〝新天地〟であるばかりではなく、重要な環境教育の場にもなっています。これからの未来を担う子どもたちのための、蘇りつつある自然を学べる、環境教育の格好の場になっているのです(図13)。子どもたちはアサリを採集して数を数えて大きさを測り、レポートを書きます。長靴を履いて作業をしながら、水を掛け合ったり這いつくばったり。心身を解き放つような場にもなっています。

## 森里海の負の繋がり——森に降り注いだ放射性物質

しかしここで、きわめて深刻な話をしなければなりません。オリンピックの東京招致をめぐって、放射性物質は「アンダー・コントロール」(制御されている)と世界に向かって首相が宣言しましたが、もちろんそんなはずはありません。実は放射性物質は福島原発から直接海に流れているだけではありません。相当高いレベルの放射性物質が風によって関東北部から東北太平洋側にかけての森林域一帯に降り注ぎました。気仙沼に注ぐ大川の源流域が岩手県一関市の矢越山にあります(図14)。矢越山から流れた水が里を通って気仙沼に行き着くわけです。降り注いだ放射性物質は、一関市のある場所では、それが室内ならば立ち入り禁止にされるレベル——仮に大学の研究室が実験中に放射性物質で汚染されその汚染レベルに達した場合、その部屋には立ち入れない——に達しています。人々はこうしたなかで暮らさなければならない。セシウム137は半減期が長いので、一〇分の一のレベルに減衰するまでに一〇〇年かかります。これが「アンダー・コントロール」の実体です。その放射性物質が、森から里を通じて河口域まで流れ、生き物を通じて必ず世界まで広がっていく、それが現実なのです。

問題は、この広域的で長期的な——レベルが低いためにマスコミも試験研究機関も注目しないが確実な

——動きを誰が責任を持って調べるか、ということです。先ほど紹介した「森は海の恋人」運動は矢越山を拠点とし、「豊かな森が豊かな海を育む」という理念・価値観を世界に発信しています（図15）。しかし森・里・海の繋がりは、私たちの暮らしの在り方によっては、簡単に負の繋がりに変わるわけです。放射性物質がその最たるものです。私たちが産業のために開発した有害物質なども海へ流れ込む、これも負の繋がりです。里（ここで言う里は都市を含む広い意味）の人々の生き方がここに表れるといえます。

**図14**　「森は海の恋人」運動の植樹祭が行われる岩手県一関市室根町の矢越山頂上から大川流域の里を眺める。日本の田舎（故郷）を代表するようなこののどかな田園風景が、3.11を境に見えない深刻な問題を抱え込むことになった。ここでは、地域住民と研究者による放射性物質の測定が行われ対策が取られている。

**図15**　1989年に始まり、"漁師が山に木を植える"運動として全国に知られる「森は海の恋人」植樹祭。この写真は2011年6月に森の人々の全面的な支えのもとに実現した。参加した人々は犠牲者の冥福を祈り、「森は海の恋人」運動と日本の再生を誓った。

## 巨大防潮堤
### ——コンクリートで覆われる日本

森里海の連環を断ち切るもう一つの深刻な問題、それは沿岸を巨大防潮堤で覆うというものです（図16）。高いところでは一四メートルを超え、長さは東北三県で約三七〇キロメートルにも及び、浜という浜を覆うのです。国民的な議論もないままにすんなり実現しようとしています。東海、南海地震への備えを考えると、日本列島がコンクリートで固められてしまう事態にもなりかねません。

**図16**　東北太平洋沿岸域から浜がなくなる。巨大防潮堤は、高さはもとよりその5～6倍にも及ぶ基部の幅を持つ台形状の形から浜を消滅させ、地下水を含めた陸と海の繋がりを断絶しかねない（日本自然保護協会パンフレットより）。

**図17**　宮城県下で最大規模の巨大防潮堤の大きさを示すCG図（横山勝英氏作成）。高さ14.7m、底辺幅91mの巨大な防潮堤が、気仙沼市小泉地区の浜の真上と川沿いに設置され、人々は完全に海と隔離される。

その一例として気仙沼の小泉海岸に設置される防潮堤を示します（図17）。気仙沼の各地の浜では津波で砂が全部なくなりましたが、一年もないうちにかなりの砂浜が戻ってきて人々はほっとしていました。ここに住む人々は、ずっと浜と共に生きてきました。夏には海水浴を楽しむ多くの人々でにぎわいました。そしてようやく浜が蘇ったところに巨大防潮堤の計画が持ち上がりました。浜の端から端まで、防潮堤で覆われてしまうのです。海辺だけではなく、津波が押し寄せる川の相当のところまで巨大防潮堤が建設されることになっています。こうしたことは一般の方々にはなかなか知られていませんが、できるだけ広めていきたいと思っています。東京でもこの巨大防潮堤の高さを感じてもらえるよう、品川のビルに図18のような展示が行われました。五階建てビルの屋上近くの高さだということが分かっていただけます。

もちろん、私たちは防潮堤による津波対策に闇雲に反対しているわけではありません。防潮堤が人々のいのちを守る働きを持つのも事実です。そのように考えると、コンクリートではない、より持続的で経済性にも環境親和性にも優れた防潮堤ができないものでしょうか。図19は、横浜国立大学名誉教授の宮脇昭先生が提案された、震災瓦礫も使ってそこにいろいろな樹を植える、緑の防潮堤です。コンクリートの防潮堤の寿命は五〇～六〇年ですが、緑の防潮堤は樹が大きくなればなるほど根をしっかりと張り、より強固な防潮堤機能を果たすことができます。人工の森ですが、いずれは自然の森に帰っていく。遊歩道を作って人々は海にアクセスできる。そして津波を軽減してくれる。こうした自然親和性の高い工夫のされた防潮堤です。

## 今どう生きるか、何をすべきか

第一章では、哲学の立場から、「どう生きるか」という大きな問題提起がありました。私個人としては研究生活のあと、六〇歳にしてこのような自然と人間の繋がりの視点で社会的活動を始めた遅咲きの目ざめでした。もっと早くに動き出していればという思いはあります。低いレベルの放射性物質は四国、九州にまで広がっている。壊してしまった自然を元に戻さないまま、借金も清算しないまま、すべてのツケを次世代に先送りしていいものでしょうか。研究者として歩んできた自分は何ができるのか、何をすべきかということを思いながら、私は現場をできるだけ見て、そこから考えようとしています。続く世代に何が残せるのかを最優先に考えれば、いろいろなことがもっとうまく前進するのではないかと思います。

**図18**　巨大防潮堤を実感してもらうための“防潮堤祭り”。左は気仙沼小泉の浜、右は東京品川（畠山信氏撮影）。

**図19**　命を守る森の防潮堤（緑の防潮堤）。1000年に一度の巨大津波に備えるには自然に更新して1000年の森による緑の防潮堤がはるかに効果的（森の防潮堤を推進する東北協議会資料）。

## 現場の声が世界に届くとき——カキ養殖漁師が世界の森のヒーローに

そんななか、森里海連環学が掲げる復興理念は、単に自然を元に戻すのではなく、大震災に問いかけられた教訓を基礎にして、より先の持続的な社会を作り出すことです。ここで、キーワードは「水」です。水はすべてのいのちにとって必須の物質で、日々のすべての食料は他の生き物のいのちです。いのちに関わる産業の根源的物質とも言えます。そして私たちは普段意識しませんが、水は循環します。水は循環系としての地球をめぐる象徴です。持続循環社会の形成は水循環の保全・再生にかかっているのです。二一世紀の最大の資源問題は「水の争奪」とも言われます。

そんななか、「森は海の恋人」運動のカキ養殖漁師畠山重篤さんが、二〇一一年、国際森林年に際して、国連が定めた「世界の森のヒーロー」に選ばれました。「森のヒーロー」が森の人でなく海の人だった。このことにとても深い意味があります。森・里・海が互いに繋がっている、連環——一方通行の「連関」でなく、双方向の「連環」——しているというメッセージが世界に届いたのです。大震災から日本が何を学び、より良い持続的社会にどのような提言をしてくれるのか、と世界が注視しています。その答えが巨大防潮堤であり、「世界一安全」な原子力発電であってはなりません。現場でいろいろな苦労をされながら何とかより良い社会を作ろうとしている方々はたくさんいます。それを世界に見てほしいと思います。

## 「ふるさと」はどこへ

コンクリートの巨大防潮堤は何をもたらすでしょうか。

第一章の中で「ふるさと」について述べられましたが、遡れば人間の「ふるさと」は海だと思います。海の中で生まれたいのちの中から進化した最初の脊椎動物が魚であり、さらにその中から陸上に進出して、四足動物へと進化しました。きっと陸と海の繋ぎ目である干潟・渚域から陸に上がり、陸上生活を始めたのではないでしょうか。私たちと「ふるさと」をコンクリートで隔離してしまうのは、つらいことです。人々と海が隔離されることによって、海離れ、魚食離れ、米食離れが起こり、稲作漁撈文明が衰退し、結局は持続社会の衰退に繋がると思います。

ことは水際環境の崩壊にとどまりません。気仙沼という直近の例では、水循環（地下水）が断絶し、沿岸生物生産力の低下を招き、森の恵みで育つカタクチイワシの衰退、そしてそれに依拠したカツオの一本釣り漁業の衰退へと負の連鎖が広がります。

最も深刻なのは、いのちのありようへの影響です。砂浜・渚が消失することによって、暮らしの拠り所が消失し、物理的ないのちだけではなく、心の豊かさ、そして「いかに生きるか」「生かされるか」という根源に関わる人間関係までも壊してしまうのではないか、と思われます。

**図20**　上はようやく回復してきた気仙沼舞根湾。下は「森は海の恋人／森里海連環」の理念を深め、多様な実践的教育と研究の拠点としての「舞根森里海研究所」（2014年3月末完成予定）イメージ図：横山勝英氏作成。つながりの価値観に関する教育と研究の深化と普及を担う。

**図20上**は、ようやく回復してきた気仙沼舞根湾の様子です。豊かな海の象

徴、カキの筏がたくさん浮かんでいます。カキ養殖は六～七割まで回復してきました。気仙沼舞根湾というフィールドは非常に小さなスポットですが、何か普遍性を持ったモデルになるものを生み出したいと願って取り組んでいます。その一つの結実が、図20下の「舞根森里海研究所」です。公益財団法人日本財団が進める東北復興支援「番屋プロジェクト」の一環として実現する運びとなりました。自然であれ文化であれ見えない繋がりこそ大切なのだ、という繋がりの価値観を教育・研究し普及させる拠点にできればと思い、二〇一四年三月末に完成します。国内外から若い人たちに来てもらい、文化の違いを乗り越えて次の社会を作り出す礎になればと思います。

私は稚魚研究を四〇年続けてきて、その研究で少なく見積もっても五〇〇〇～六〇〇〇万尾の稚魚のいのちを奪ってしまいました。ところが奪うばかりで何の貢献もしてこられなかった。その反省を含め、震災後の取り組みのなかで感じた三つの視点を、最後に紹介いたします。

一つ目は長期的視点です。先にも述べましたが、次の世代のことを一番に優先できるかということ、これは森(大樹)の時間、放射能減衰の時間というレベルで考える視点です。

二つ目は広域的視点です。森に広がった放射性物質が世界の海に広がろうとしている、そこでローカルにこそグローバルな課題解決の源泉があると考える視点です。

三つ目は総合的視点です。地域の人々が震災を乗り越えて子どもの教育や将来を見据え、総合的に将来構想する一方で、行政の施策は縦割りの一点突破的です。その食い違いで復興がうまくいかないのではと思います。したがって、横断的にものを考え、専門的に対処しうる人材の育成が必要な時代にきていると思います。もしかしたら震災の復興自体が、こうした人材を作る大きな学校ともなりうるのでないか――。今後も三つの視点を持ち、世界と未来とを見据えながら、取り組みを進めていきたいと思います。

第三章

# 災害社会――本当に強い社会とは

川崎一朗

## 地震学者として東日本大震災を思う

第一章では被災体験について、第二章では被災地をフィールドとする研究について述べられています。一方、私は地震学者ですが、実は東日本大震災の後、現地に行くことができませんでした。現地の惨状を直接眼にしたら、私にはとても心のバランスを保てないと思ったからです。本章では、奈良の歴史的建造物に触れて、日本の古代の歴史を遡り、それらを素材にこれからの学問の在り方について考えてみたいと思いますが、被災地の方々の思いとは少し距離があるかも知れません。あらかじめお詫びします。

東日本大震災後、地震学会は揺れ動きました。「なぜ地震学はこの恐ろしい災害を防げなかったのか?」と学会の内外から問われました。「地震研究者はメカニズムの研究ばかりしていて防災の意識に乏しかった」との批判もなされました。しかし、私個人の体験ですが、四〇数年前、指導教官が「根拠が不十分な場合には社会に情報を発信するのは控えるように。それが研究者としての節度だ」と院生たちを諭したことがありました。東北地方の太平洋岸で、一〇〇〇年に一度のオーダーでマグニチュード九クラスの超巨大地震が起こることは、十数年前から地球科学では認識され始めていました。しかし、その危険性を社会に向けて強く発信するほどには、証拠は質量ともに十分ではなかったと思うのです。問題があったとすれば、「政府の地震調査委員会から流される長期予測や中央防災会議から流される被害想定などの情報が、不確定な要素が多いにもかかわらず、地震学的に完全に裏づけられている情報であるかのように受け止められてしまっていた」ことではないかと思っています。地震調査委員会や中央防災会議などには地震学会の活動的なメンバーが参加していましたから、そうした問題点を指摘することを心理的に控えてしまった傾向がありました。それは、あとから振り返れば、サイエンス・スピリットの頽廃だったと言えるかも知れません。地震学会の中では、この問題は、いまだにうまく整理されていないように見受けられます。

地震学者が忘れてならないのは、「学問の自由は、単に研究者にとっての知る権利であってはならない。大切なのは、社会全体が自由かつ適切な判断をするために必要な制度」だという「学問の公共性」という視点だと私は思います。いま求められていることは、「一人ひとりの研究者の自主性や自発性は尊重しながら、地震学という共同体の重心が社会に向かうように動機づけるようなリーダーシップ」かもしれないと思っています。あいまいで分かりにくい言い方ですが、実例を挙げると、たとえば、かつて医学の世界では『臨床の知とは何か』(中村雄二郎、岩波新書、一九九二)がそのような役割を果たし、本書第二章で紹介された『森里海連環学(改訂増補)』(京都大学学術出版会、二〇一一)は、今日、関連分野において、そうした役割を果たしつつあるのだと思います。

私は京都大学を定年退職したあと、立命館大学で歴史都市防災の研究をするようになりましたが、あの震災の折、テレビから流れてくる被災地の惨状を眼にして、「歴史都市防災研究なんて何の意味があるのだろうか?」と思わず自分を見失いました。でも、その後、被災地の住民の方々が瓦礫の中からお地蔵様を掘り起こしたり、お祭りを復興させたりしておられるニュースに触れ、「歴史的文化と文化財には非業の死を遂げた人々への鎮魂の思いが込められており、地域住民のアイデンティティの源なのだ」という思いを強くしました。それは、第一章で述べられた「ふるさと」と同じ思いなのでしょう。

## 一〇〇〇年スケールで災害リスクを考える

さて、私が専門とする地震学は、一〇〇年、あるいは一〇〇〇年という時間スケールでものを考えます。今日の投資と明日の利益を問題とするような今の世の中の雰囲気からはいかにも乖離しているのですが、自然現象は、本来そうした長い時間スケールの大地の営みです。大地の営みの一部が突発的に発生し、住民に被害をもたらすのが災害です。ここでは奈良を素材に、一〇〇〇年の時間スケールの災害リスクとはどういうことか、という例を紹介いたします。

奈良公園にある興福寺中金堂は、興福寺の中心的な堂として八世紀初頭に建立されました。しかし火事による焼失と再建を繰り返し、最近まで建っていたのは、一九世紀の初めに仮の中金堂として建てられたものでした。それが創建一三〇〇年を記念して創建当初の姿で再建されることになり、二〇一〇年から工事が始まりました。大きさは、東西ほぼ三七メートルで、復元された平城宮の大極殿より一回り小さい程度、しかし当時の建造物としては巨大なものでした。

私は、二〇一二年三月に、歴史都市防災の関係者と共に工事現場を見学する機会を得ました。中に入ると直径約八〇センチメートルの太い柱が数多く立っているのですが、問題は、ここに使われている木材です。円柱には、堅くて重く少々の湿気ではほとんど伸び縮みしない、カメルーン産のアパ(通称アフリカ欅)が使われており(図1)、柱より上の組物などには、カナダ産のアメリカヒバ(ヒノキの一種)が使われています(図2)。このように外国の木材を使っている様子には、二〇〇〇年近く森林を略奪してきた日本の歴史が象徴的に現れていると思いました。

壁には木格子と鉄板からなるユニットが組み込まれています（**図3**）。奈良公園の東縁には奈良盆地東縁断層帯という活断層が走っています。そこで地震が起こったときの耐震のためには、現代技術の助けを借りることもやむを得ないそうですが、歴史的建造物のオーセンティシティ（建造物の保存・修復における美的価値や歴史的価値）という意味では違和感を持つ人も多いかも知れません。

**図4**は興福寺の五重塔です。中金堂の工事現場の足場から撮影した、珍しいアングルからの写真です。後ろには春日山が見えます。はじめてこのアングルからの眺望を目にしたとき、「春日山の木は神木である。伐採してはいけない」という宗教意識の源には、もしかしたら、古墳時代から奈良盆地周辺の山々の森林を略奪してきた結果、奈良盆地が頻繁に洪水に襲われるようになり、たびたび都を移さざるを得なかったという歴史的背景があるのかもしれないという着想が走りました。自然の営みが人間社会に与える

**図1**　工事中の中金堂の内部。柱には、直径ほぼ八〇センチメートルのカメルーン産のアパ（アフリカケヤキ）が用いられている。

**図2**　図1の柱より上部の組物。カナダ産のアメリカヒバ（ヒノキの一種）が用いられている。

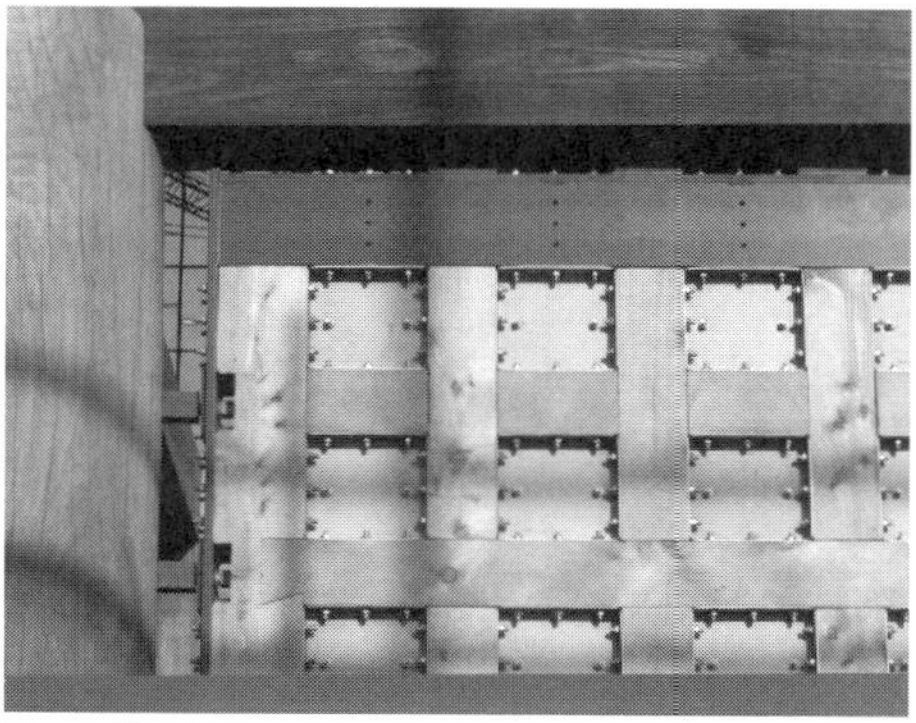

**図3**　壁に組み込まれた、木格子と鉄板からなる耐震ユニット。

影響という意味で、第二章で示された、森里海の連環の思想の重要性にも通じるものと思います。
　さて、森林の略奪と洪水という問題に関連させながら、興福寺中金堂のある一帯を地球科学の視点から見たのが**図5**です。右端の平野と山地の境界部に奈良東縁断層が北北西－南南東に走り、奈良公園一帯は約六万年から一〇万年前に形成された中位段丘面の上に広がり、そこに興福寺、春日大社、東大寺等が位置し、中央左部にも中位段丘面が北から南に延びだしており、その南端に平城宮大極殿が位置します。

**図4**　工事現場の足場から撮影した興福寺五重塔。後ろは春日山。

　海や湖の底のような場所の上に堆積物が溜まると平らな面ができます。その平らな面が地表に残っている場所を段丘面と言います。地球は過去百数一〇万年の間、ほぼ一〇万年間隔で間氷期と氷期を繰り返し、そのたびに海水面が大きく変動しました。氷期には、海水面はおおむね一〇〇メートルほど低下し、暖かな間氷期には氷が溶けて海水面が現在の海水面近くまで上昇します。中でも、現在～一万年前、一二～一三万年前、約二〇万年前、三〇数万年前、約四〇万年前が顕著な間氷期です。そのため、海岸部では、ほぼ七〇〇〇年前の有楽町海進と二万年前の氷河期に発達した低位段丘、一二～一三万年前に発達した中位段丘、三〇数万年前に発達した高位段丘が分布しています。

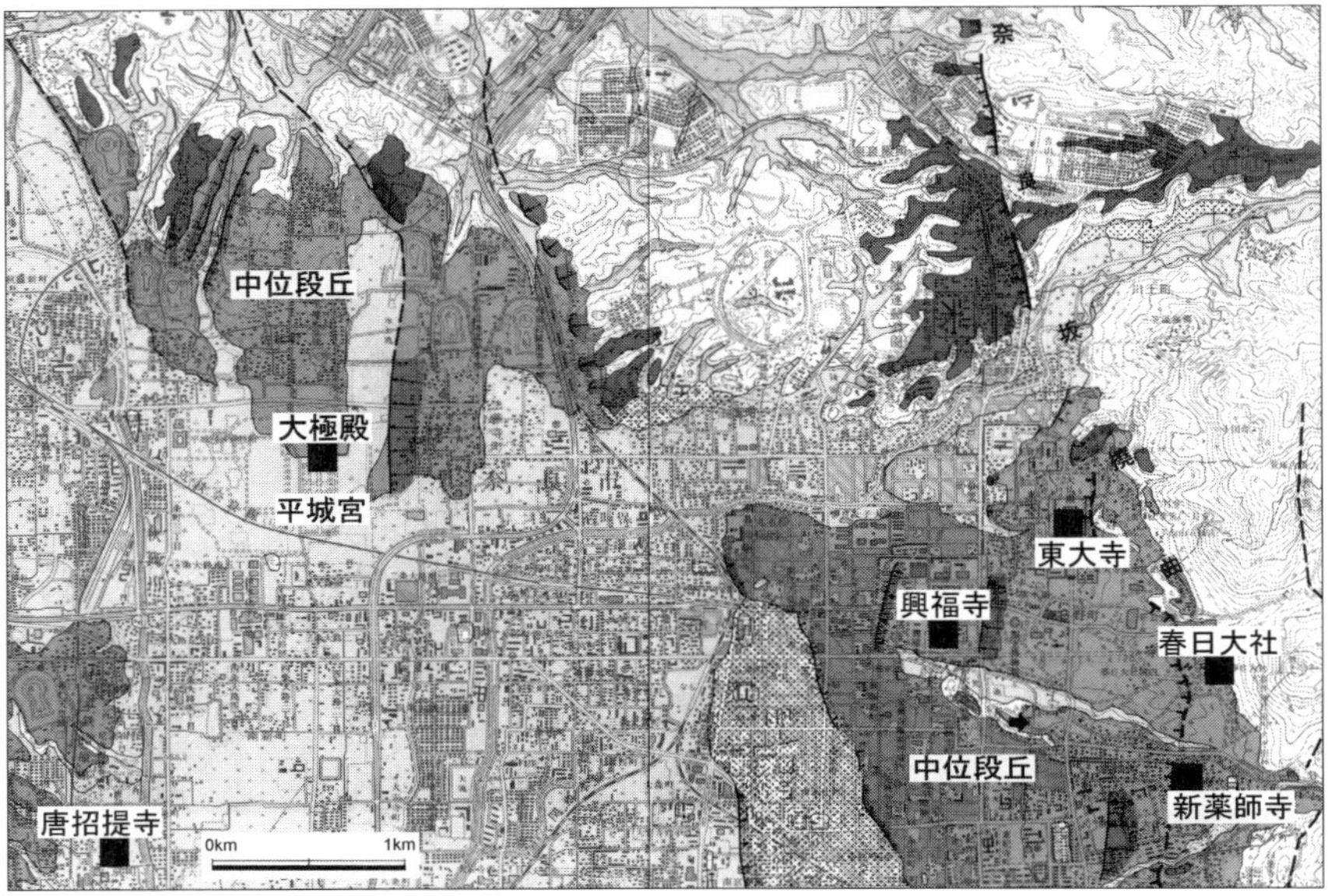


**図5**　奈良公園と平城宮跡周辺部の中位段丘の分布。基図は、都市圏活断層図「奈良」（八木・他、1997）。

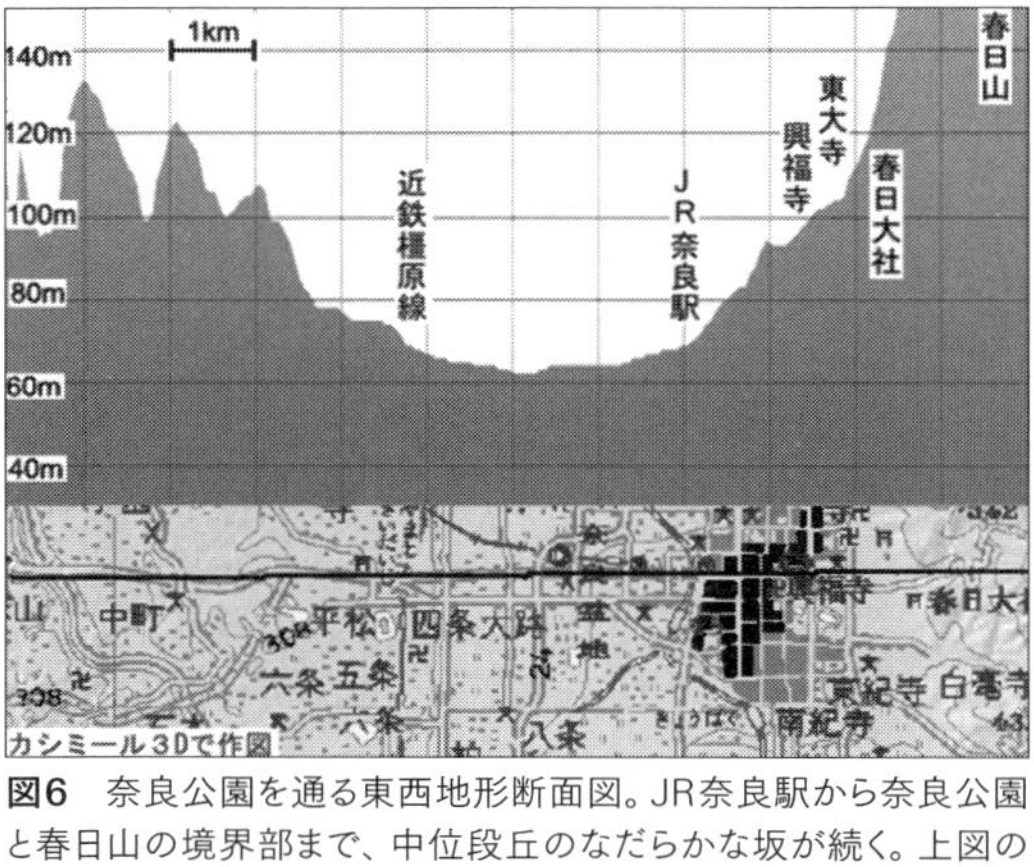


**図6**　奈良公園を通る東西地形断面図。JR奈良駅から奈良公園と春日山の境界部まで、中位段丘のなだらかな坂が続く。上図の緑は地表面の高さを示し、左側縦軸は標高。地図は、国土地理院の20万分の1地形図。「カシミール3D」で作図。

奈良盆地や京都盆地のような内陸部では、氷河期における凍結融解による礫生産が卓越し、ほぼ二万年前の氷河期に発達した低位段丘（衣笠丘陵など）、六〜一〇万年前に発達した中位段丘（奈良公園など）、一五万年前後に発達した高位段丘（宇治丘陵最上部など）が分布しています。

堆積時の特徴が地表に残っているということは、そこが、洪水に洗われ、新しい堆積層が上を覆うようなことが比較的少なかった場所だと言うことを示しています。

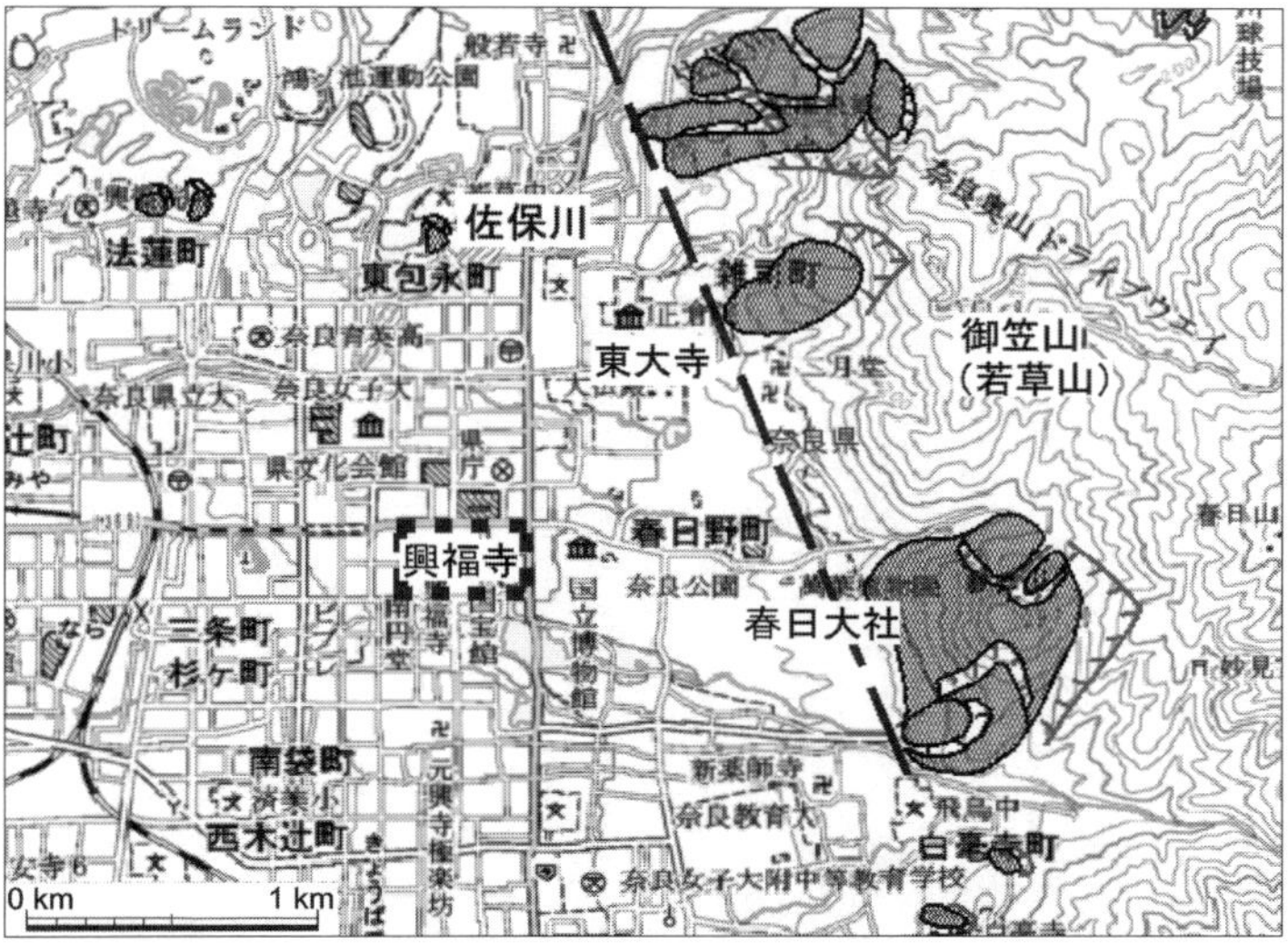


**図7**　春日山西側斜面の大規模地滑りの痕跡の分布。茶色の不規則な楕円が地滑りの痕跡。防災科学技術研究所のＨＰの地滑り地形分布データベースの図に加筆。

土地の地理情報である標高を高位・中位・低位段丘面という専門用語に置き換えると、「洪水に襲われるリスクが小さい場所」という、標高では見えない情報が浮かび上がります。**図5**は、「奈良公園や平城宮の周辺は、現在は、小規模土石流や洪水に襲われるリスクの小さい場所だ」と教えていると言えるでしょう。中位段丘面の上に平城宮や大規模社寺を作った古代の人々が、洪水を避けたいという意識を持っていたのは間違いありません。専門用語に置き換えることによって、人間社会に密着した情報を分かりやすくもたらしてくれる事例です。

余談ですが、原子力規制委員会の活断層評価のニュースで、「一二万年前」「四〇万年前」という数字がよく出てきます。それは、活断層で地震が起こった痕跡が、間氷期である一二万年前と四〇万年前の地層に残されることが多く、リスク評価の基準にしやすいことによります。

段丘面は比較的安全な場所だと言いましたが、自然は必ずしも甘くはありません。**図7**は、大規模地滑りの痕跡の分布図です。奈良に都が移されてから、この付近で大規模地滑りが起こった記録はありません。しかし、大規模地滑りの痕跡から、二〇一一年の和歌山の大水害のような豪雨が降ると、大規模地滑りが起こる一〇〇〇年の時間スケールの災害リスクが潜在していることが分かります。大規模地滑りが起こると、東大寺や興福寺が土石流に飲み込まれ、その余波が市街地に及ぶのではないかと危惧しています。

## 環境問題の原点

古代社会と自然の関わりが地形から読み取れる例を、もう一つお見せしましょう。**図8**は、近鉄大阪線（大阪と伊勢を結ぶ）が東西に走る桜井市の北端です。多くの考古学者がヤマト政権創生期の天皇の王宮、もしくは卑弥呼の宮殿ではないかと推定している三世紀前半の纒向遺跡や、三世紀中頃に突然出現した巨大前方後円墳である箸墓古墳は低位段丘面に位置しています。**図9**は、纒向遺跡や箸墓古墳を東西に横切る地形断面図です。**図8と図9**を見ると、纒向に王宮を作ったヤマト政権創成期の人々が、洪水を避けたいという意識を持ち、場所を選んだことがよく分かるような気がします。

**表1**は、古代の天皇と、王宮の置かれた場所、場所の特性（沖積面か、段丘

| 天皇の代位 | 名前（即位年/在位年数） | 王宮の名称 | 所在地 | 地質的特性 |
|---|---|---|---|---|
| | 416 | 遠飛鳥宮付近　もし奈良盆地東縁断層なら、纒向周辺は震度7の激烈な地震動　高床式建造物は大きな被害？ | | |
| 20 | 安康（454 / 3） | 石上穴穂宮 | 天理市田町 | 扇状地 |
| 21 | 雄略（457 / 23） | 泊瀬朝倉宮 | 桜井市黒崎 | 山地 |
| 22 | 清寧（480 / 5） | 磐余甕栗宮 | 橿原市東池尻町 | 山地 |
| 23 | 顕宗（485 / 3） | 近飛鳥八釣宮 | 大阪府羽曳野市か明日香村八釣 | 山地 |
| 24 | 仁賢（488 / 11） | 石上広高宮 | 天理市石上町 | 高位・山地 |
| | | 〃 | 嘉幡町石穴穂宮 | **沖積** |
| | 490 ～ 500 | 榛名山噴火 | | |
| 25 | 武烈（499 / 8） | 泊瀬列城宮 | 桜井市出雲十二柱神社 | 山地 |
| 26 | 継体（507 / 27） | 樟葉宮 | 大阪府枚方市 | 下位 |
| | | →磐余玉穂宮 | 桜井市池之内 | 山地 |
| | 525 ～ 550 | 榛名山噴火（1707年富士山宝永噴火と同規模） | | |
| 27 | 安閑（534 / 2） | 勾金橋宮 | 橿原市曲川町 | **沖積** |
| 28 | 宣化（536 / 3） | 檜隈廬入野宮 | 明日香村檜前 | 山地 |
| 29 | 欽明（539 / 33） | 磯城島金刺宮 | 桜井市外山 | **沖積** |
| 30 | 敏達（572 / 13） | 百済大井宮 | （未詳） | |
| | | →訳語田幸玉宮 | 桜井市戒重 | **沖積** |
| 31 | 用明（586 / 2） | 磐余池辺雙槻宮 | （未詳） | |
| 32 | 崇峻（588 / 5） | 倉梯柴垣宮 | 桜井市倉橋 | 山地 |
| 33 | 推古（593 / 36） | 小墾田宮 | 明日香村豊浦 | **沖積** |
| | 599 | 大和で地震　奈良盆地東縁断層？ | | |

**表1**　古代の天皇の都の置かれた場所（『古墳とヤマト政権』（白石太一郎、1990）などによる）、場所の特性（沖積面か、段丘か、山地か）のリストに、地震や火山噴火を加えたもの。

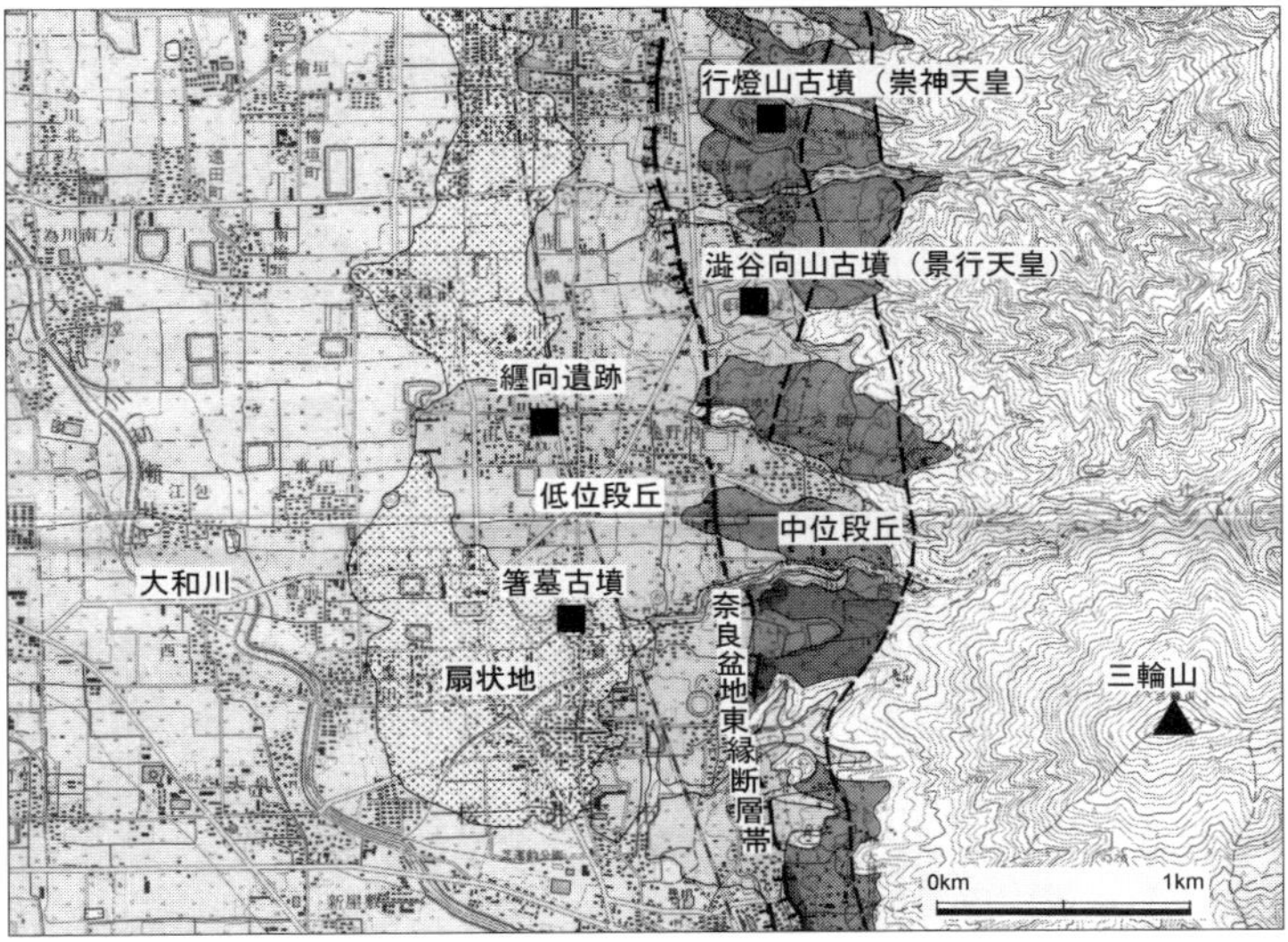


**図8**　纒向遺跡と箸墓古墳周辺の低位段丘と中位段丘の分布。原図は、都市圏活断層図「桜井」（相馬・他、1997）。

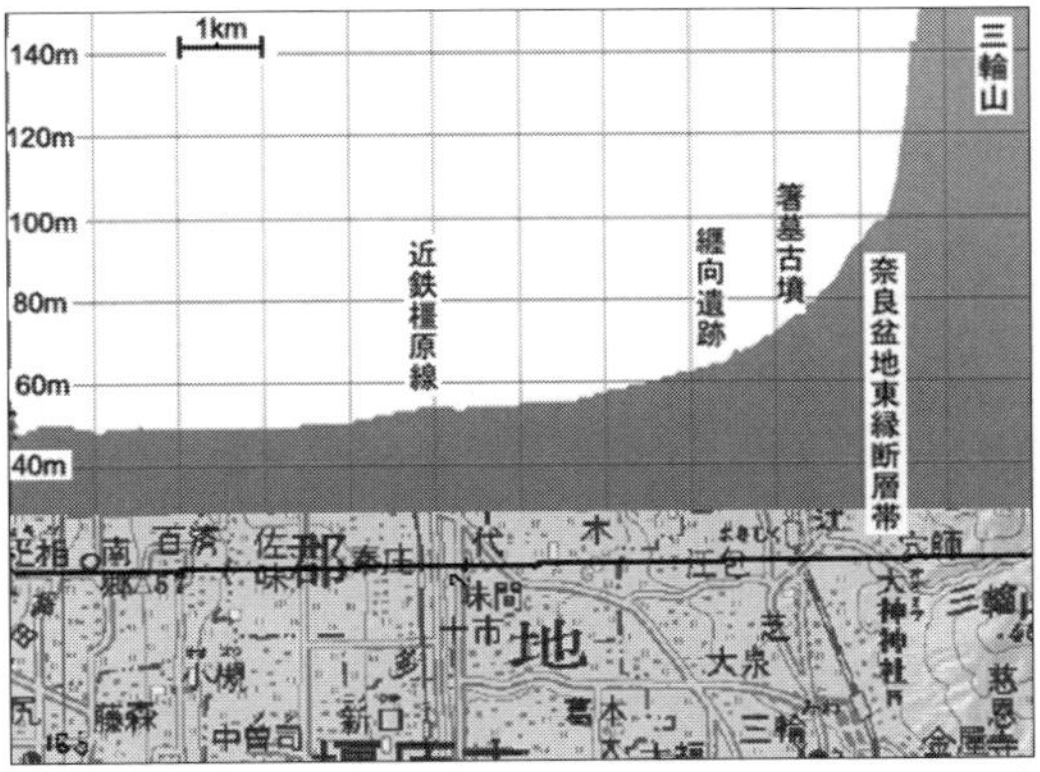


**図9**　纒向遺跡と箸墓古墳周辺を通る東西地形断面図。纒向遺跡と箸墓古墳は、奈良盆地中央部より10mから15m高い低位段丘面上に位置している。詳細は図6と同じ。

か、山地か）のリストに、当時の人々を驚かせた地震と火山噴火を加えたものです。王宮は当初はほとんど段丘面上に作られましたが、六世紀以降はほとんど沖積面上に作られるようになりました。

五世紀に朝鮮半島から須恵器が伝わり、大阪府南部の丘陵地帯の陶邑で大量の須恵器が生産されました。ここの窯で焼かれた木の種類は、古くは広葉樹（カシなど）だったものが、六世紀後半から針葉樹のアカマツが増え始め、七世紀後半以降はほとんどがアカマツになるそうです（『森と人間の文化史』只木良也、二〇一〇）。これは、平野周辺の照葉樹林を略奪してしまい、そこに針葉樹が入り込み、森

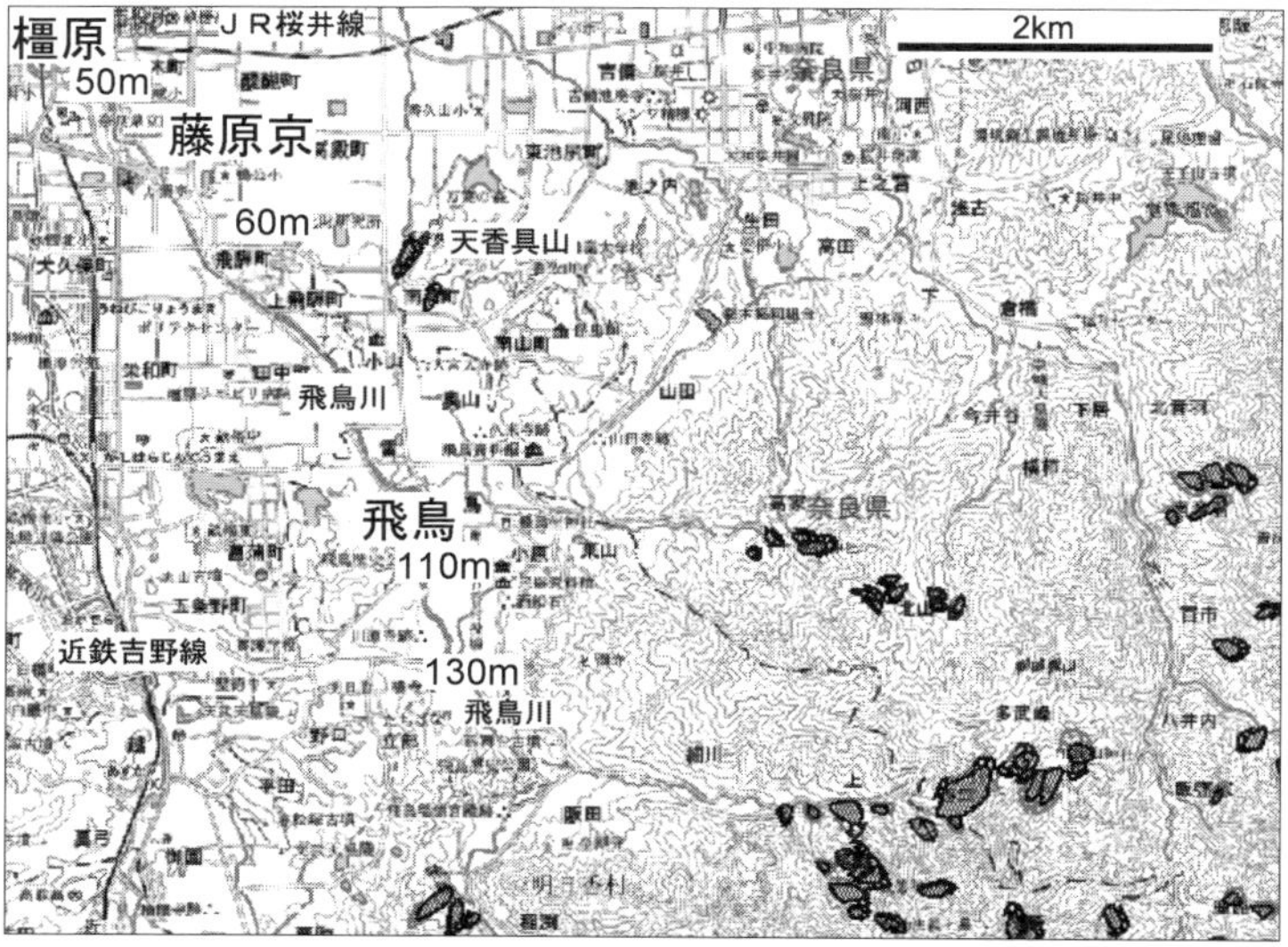


**図10**　飛鳥周辺の地滑りの痕跡分布。防災科学技術研究所のＨＰの地滑り地形分布データベースの図に加筆。左上端は橿原の中心街。中央やや左に飛鳥で、右下は飛鳥川の上流。

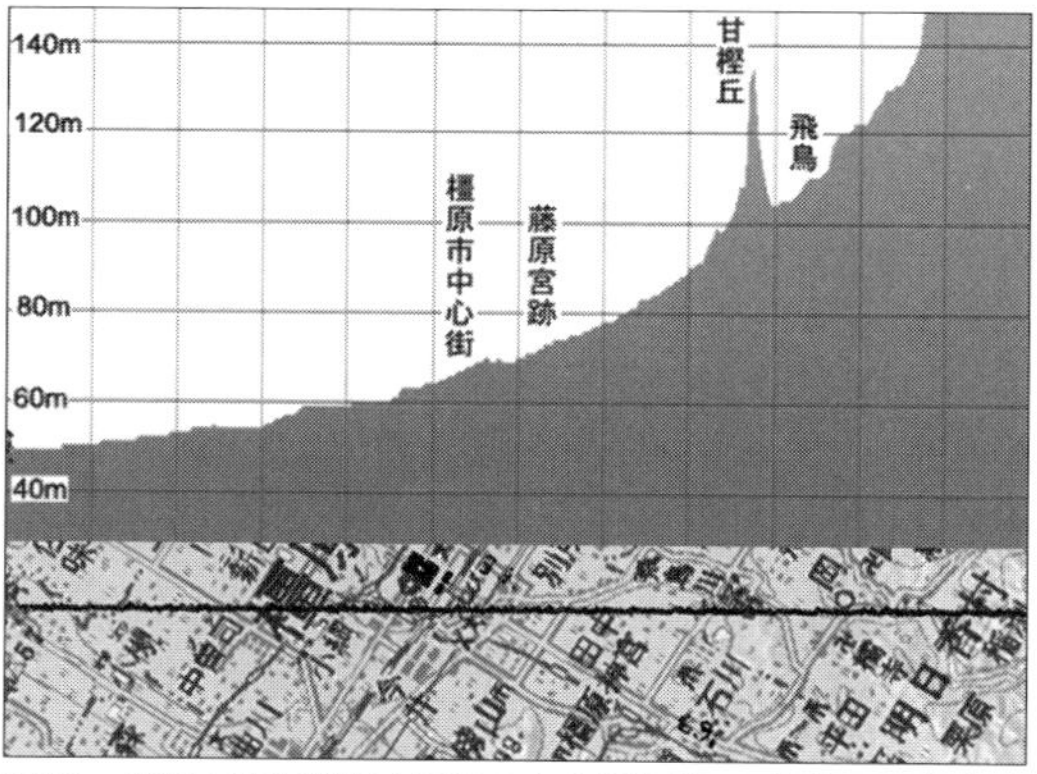


**図11**　飛鳥と藤原宮跡と橿原の中心街を通る、北北西－南南東走向の地形断面図。詳細は図6と同じ。

林の遷移が起こったことを示しています。弥生時代末の日本の人口は約六〇万人、古墳時代に急増し、奈良時代には四五〇万人と推定されています(『人口から読む日本の歴史』鬼頭宏、二〇〇〇)。生産力が高まり、人口も増え、王宮を作るのに広い面積が必要とされてきた結果、王宮が沖積平野に進出したことが、地球科学の視点からも読み取れます。

図10の左上端は橿原の中心街で、その南東数キロメートルが藤原宮跡です。中央やや左にある飛鳥は標高一一〇～一二〇メートルの山地内の小規模な沖積面の上にあります。右下は飛鳥川の上流で、地滑り

の痕跡が多く分布しています。飛鳥時代以前に沖積面に王宮を作って洪水に悩まされていた人々にとって、最初は、飛鳥は理想の土地に見えたでしょう。しかし、飛鳥京の建築木材調達のために上流の山々の森林を荒廃させてしまい、地滑りが頻発し、飛鳥川もしばしば洪水を起こすようになり、それが藤原京に遷都する理由の一つにもなったのでしょう。

飛鳥と藤原宮を結ぶ北北西－南南東の地形断面図を図11に示します。飛鳥からたった数キロメートルの距離しか離れていないのに三〇～四〇メートルもの落差があります。ひとたび飛鳥川上流域に大雨が降れば、氾流が飛鳥川を流れ下り、飛鳥のみならず、藤原京をも襲ったものと思われます。

ちなみに、六九〇年に藤原京造営を始めた頃には、すでに奈良盆地周辺の山地には大径木はほとんどなく、近江の田上から伐り出されたために、古代の美林は破壊されてしまい、土砂は宇治川から淀川を下って難波津を埋め、港の機能が損なわれるようになりました。私たちが現在抱えている環境問題の原点とも言えます（『森林飽和』太田猛彦、二〇一二）。日本では、その後、一三〇〇年にわたって平野に近い山々は略奪されて禿げ山になり、大量の土砂が流出し、沖積平野を沖に拡げ、そこに近代都市が展開しました。極端に言えば、人間活動が近代都市の地盤インフラを準備したと言ってもいいでしょう。

## 歴史学へのオブジェクション――自然災害を無視するのですか？

このように古代の社会と自然災害の関係を振り返って見ると、歴史学において、自然災害が無視されてきたことに気づきます。藤原京から平城京へ遷都した動機を歴史学がどのように扱ってきたか、三冊の本を比較してみましょう。

「権力を手中にした藤原不比等の権力の示威行為。孫の首皇子(七二四年聖武天皇として即位)の即位に向かって壮大な舞台を用意せねばならなかった」

(『平城京遷都』千田稔、中公新書、二〇〇八)

「遷都の動機は、大宝の遣唐使の見聞であり、その帰朝報告。藤原京は中央に内裏と大極殿が配置されていたが、三〇年ぶりに遣唐使が中国に行ってみると、長安城では、北側中央部に皇帝の居所と官庁街……」

(『平城京の時代』坂上康俊、岩波新書、二〇一一)

「飛鳥浄御原宮や藤原京などの宮殿、寺院、豪族の屋敷、民家などの建築用材、燃料、刈敷などが飛鳥川流域全体から採取されていたため、水源に当たる南淵山や細川山ははげ山化していて飛鳥川は暴れ川であった」

(『森林飽和』太田猛彦、NHKブックス、二〇一二)

最初の二つも、事実の一面は見てはいるのでしょうが、自然災害と社会の発展を関連づける視点がありません。自然災害は生産インフラを傷つけ、住民を疲弊させたはずです。したがって、歴史学が自然災害を無視することは、歴史学が住民の疲弊を無視することを意味しないでしょうか。『知の技法』(東京大学出版会、一九九四)には、知には、「記述」「究明」「予測」の三段階があるとされます。歴史学は、住民を疲弊させるような自然災害を抜きにして、どのように未来を「予測」するのでしょうか?

**図12**は京都タワーから北の眺望です。右から、比叡山、吉田山、北山が遠望できます。写真中央の凹部から吉田山の西麓にかけて花折断層が走っています。**図13**は花折断層の枝断層である鹿ケ谷断層の断層崖上から見降ろした銀閣寺境内です。遠くは吉田山です。私が好きな絵である与謝蕪村の「夜色楼台図」は、京都の町から東山を望んだ夜景です。東山魁夷の「年暮る」には鴨川周辺から東山方向の町屋の家並みの夜

景が描かれています。私たちは、どうして、このような光景を「美しい」と感じるのでしょうか？

ブルーノ・タウトは『ニッポン』（森とし郎訳、講談社学術文庫、一九九一）の中で、次のように述べています。

「山々は平野や海から非常に厳しく屹立しているので、他の国の山岳に比べて海抜はそれほど高く

**図12**　京都タワーから見た京都。左奥に北山、右手に東山を望む。

**図13**　花折断層の枝断層の鹿ヶ谷断層の断層崖の望む銀閣寺境内。

**図14**　平泉西方約15kmの骨寺村の眺め。中世の荘園の構造と信仰を残す。

ないにもかかわらず、雲の戯れや高さの印象は驚くばかりに強められている」（七六頁）

「多くの社寺において、印象の美しさは建築そのものよりも、むしろ建築が自然といかに分かちがたく結合されているかという点から生じている」（八六頁）

日本人には、日頃見慣れているこのような風景は余りにも当たり前になっていて、その特異性と意味するものに気がつかないようです。むしろ外国人の方がよく気がつくのでしょう。

一八〇〇年前の纒向の時代以来、平野と山地の境界部の段丘面に都が作られてきました。そこは洪水のリスクが小さな安全の場であり、祈りの場でありつづけました。私たちが、**図13**の銀閣寺の眺めや、「夜色楼台図」、「年暮る」などを見て美しいと思うのは、そのような二〇〇〇年近い時間が凝縮されているからではないでしょうか。これは、第一章で述べられた「ふるさと」を別の視点から言い直したものだと思います。

**図14**は岩手県平泉から一五キロメートルほど西へ行った骨寺村です。中世の景観と信仰を残した美しい村です。段丘という共通要素はありませんが、安心の場であり、祈りの場であったという意味では、同じだと思います。

日本人の歴史意識や美意識と大地の営み（直接的には災害）は、切り離せないと思います。今後の歴史学と地球科学のインタラクションに期待します。

## 政治学、経済学へのオブジェクション——なぜ日本は災害に脆弱な社会になったか

二〇一二年八月の新聞各紙に、南海トラフで起こりうる最大級のマグニチュード九の超巨大地震で三二万人の犠牲者が出ると想定されているという記事が載りました。三二万人のうち建物倒壊による犠牲者が八万二〇〇〇人、地震火災による犠牲者は一万人です。首都圏直下型地震の場合の被害想定では、建物倒壊による犠牲者が約五六〇〇人、地震火災による犠牲者は約四一〇〇人です。

建物倒壊や地震火災による犠牲者はどういった人々なのでしょうか？　大都市の中でとくに危険なのは木造住宅密集市街地です。東京で言うと、荒川と隅田川で挟まれた長屋の建物が多い戦前からの市街地、環状六号線と七号線の間に多い高度経済成長期に急激に市街化した木造賃貸住宅が多い地域です（図15）。行政もこの問題の深刻さを把握していますが、予算は少なく、次の地震に間に合うとは到底思えません。

振動実験などによって、民家の耐震補強が非常に効果的であることは明らかなのに、なぜ耐震補強は広まらないのでしょうか？　二〇〇七年九月のある日、「年収二〇〇万円以下、一〇〇〇万人超」という見出しが眼に入り、一気に視界が晴れたような気がしました。年収二〇〇万円以下の生活をしていて、一〇〇万円もの耐震補強をしようとは思わないでしょう。言い換えると、犠牲になる人々の多くは、高齢者や収入が少なく耐震性の強い家には住めない経済弱者ではないでしょうか。年収三〇〇万円以下では既婚率が極端に低いというデータもあります。人口減の大きな要因に違いありません。災害は、現在の日本社会が抱えている問題と同じ枠の中にあると気づきました。

それにもかかわらず、現在の日本では、非正規雇用を規制し、経済弱者を減らそうという動きは常に先

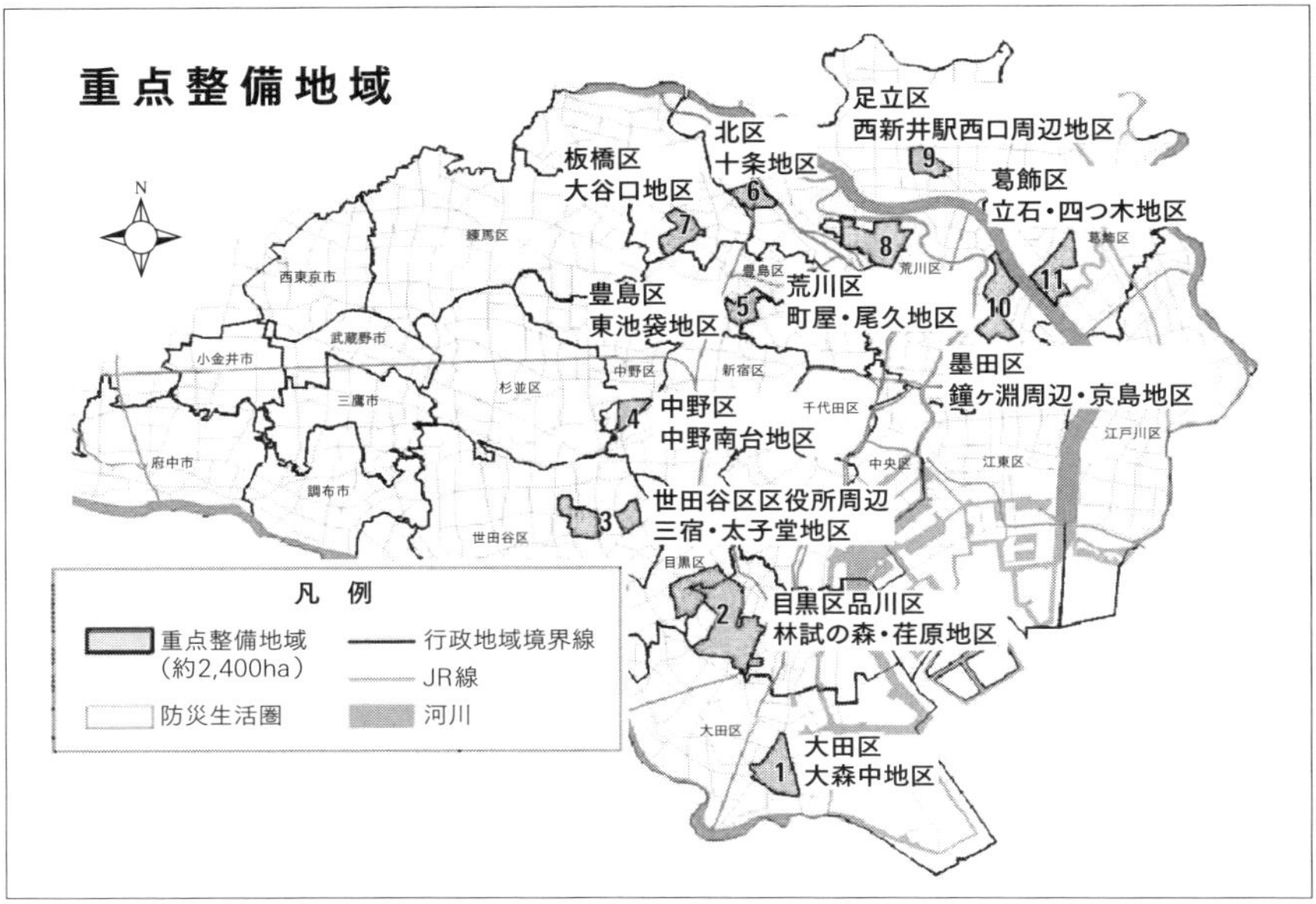


**図15**　東京都の木造密集市街地の分布。網かけ部分はとくに火災の危険が大きく、重点整備地域とされている場所。東京都のＨＰによる。

送りにされています。大学も例外ではないようです。多くの経済弱者が非正規雇用の状態から抜け出せない生活をやむなくさせられると、生涯賃金が少ないのはもちろん、年金保険料の支払期間が規定に達しない人々の数が増大するでしょう。生活保護受給者は二〇一一年に二〇〇万人を突破しました。こうした状態が常態化すれば、二〇年後、三〇年後の日本の社会がどのようになるのでしょうか？　膨大な社会福祉のコストに日本の社会が押し潰れてしまうのではないかという不安を感じてなりません。視点を転換させると、人生の多くを非正規労働者として過ごさざるをえなかった人々の二〇年後、三〇年後の膨大な「未来の社会福祉費用」が、非正規雇用の労働者を雇ってコストダウンしている現在の企業の利潤に転嫁されていると言えるのではないでしょうか。

今日の日本は、まだ少しは健全さを保っているかもしれません。しかし格差が常態化し、非正規雇用の人々や生活保護受給者が高齢化し、極端に災害に脆弱になった二〇年後、三〇年後の日本を、巨大南海地震が襲うのです。それは自然災害である以上に、社会構造の在り方が原因となる社会災害だと思うのですが、政治家や経済学者たちは、この事態をどう見ているのでしょうか。

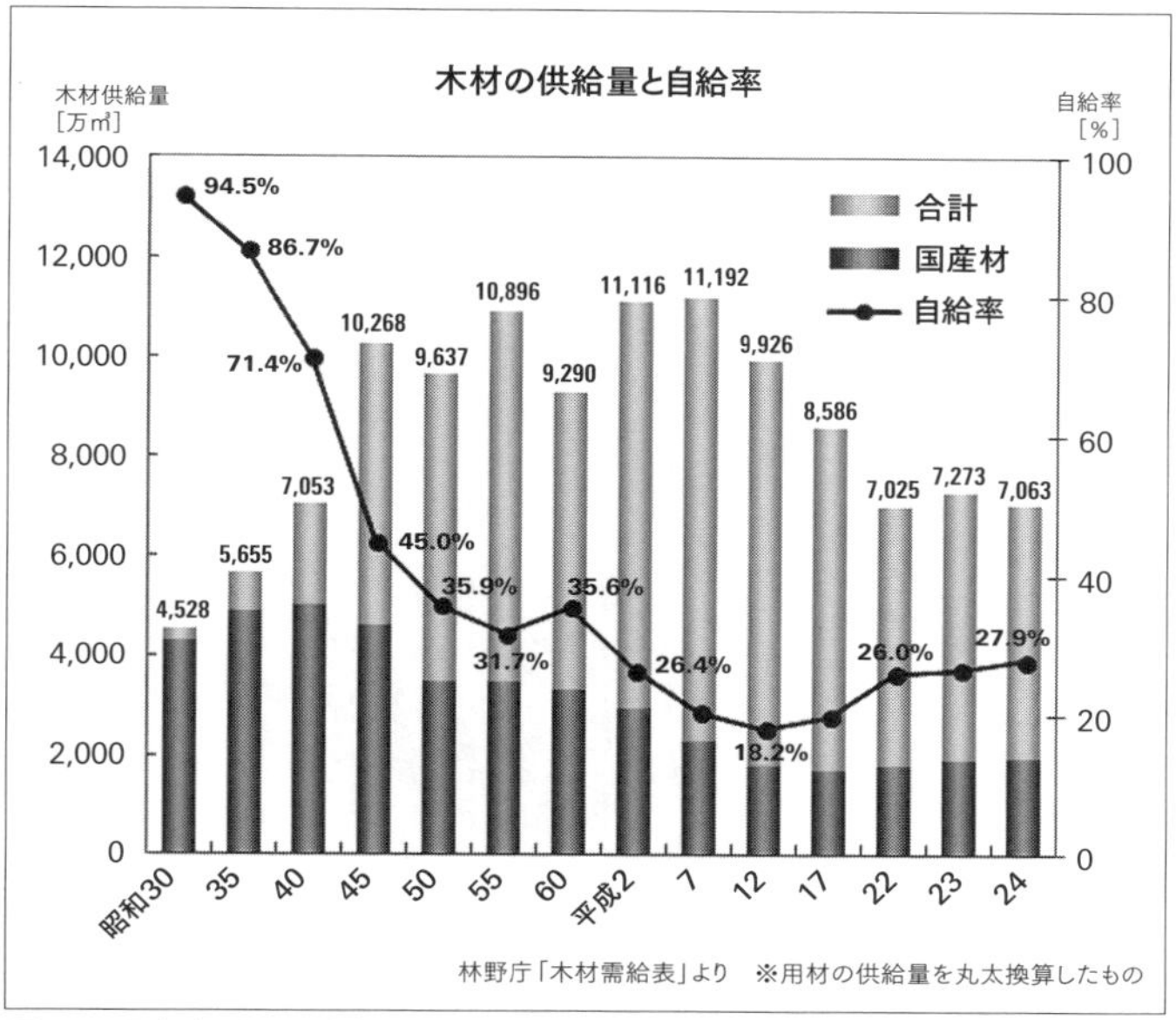


**図16**　過去半世紀の木材自給率の遷移図。森林林業学習館のHP（http://www.shinrin-ringyou.com/data/mokuzai_kyoukyu.php）による。

ＴＰＰ（Trans-Pacific Partnership）とは「ヒト、モノ、サービスの移動の完全な自由化」だと言われていますが、今まで述べてきたことと同じような枠組みの中にあると思います。**図16**は木材の供給量と自給率です。輸入木材との競争に負けて日本の林業がどんどん衰退していったのはよく知られていますが、その結果、明治時代から第二次世界大戦にかけてすっかり禿げ山化した日本の山林は、現在は再び緑に覆われ、水害や土砂災害は激減しました。その代わりにアジアで自然災害が多発するようになりました。これは、自由な商業活動に伴った災害ポテンシャルの移転ではないかと思うのです。アジアの国々にとって、日本が古代から近代まで行ってきた森林の略奪と災害の歴史が教訓になるのではないでしょうか。

地球規模で自然災害が多発し、食の枯渇が予想されるこれからの時代において、南アジアやアフリカの発展途上国はどうなるのか、大きな問題です。自然の揺らぎに大きく左右される農業や林業などが工場と同じように扱えるわけがありません。経済学には、「ＴＰＰに加盟するのが得か？　損か？」というような限定的な議論ではなく、「ＴＰＰが発展途上国の人々を幸せにできるのか？　それに日本の経済学はどのように貢献できるのか？」というグローバルな視点の議論をしてほしいと思います。しかし、マスコミに登場する経済学者はほとんどそのような話はしません。しばしば「ヒト、モノ、サービスの移動の自由化に反対する人はグローバルな視点を持たない人だ」というレッテル貼りさえなされます。このレッテルの論理が逆転していると思います。

そんななかで、『経済学に何ができるか』(猪木武徳、中公新書、二〇一二)では次のように述べられています。このような考え方をする経済学者が増えることを祈りたいです。

「……経済学の論理の役割と限界を知ることが必要であり、経済の論理だけを言い募らない品性が求められるということなのであろう」(一〇頁)

「自由化か規制かという平板な図式ではなく、「最大の自由には最大の規律が不可欠」という命題を再考する必要が出てくるはずだ。……「経済学者の多くが、法の実現という規律面での効率には関心がなく、規制緩和による効率ばかりを研究している」という批判は率直に受け入れたいものだ」(八八頁)

一〇〇〇年の時間スケールの災害から経済の問題までを手短に見てきました。といっても、述べられていることのほとんどはすでに分かっていることで、筆者が行ったことは、それらに地球科学の視点を付け加えただけと言えるでしょう。しかし、それだけで、意外な視点が浮き上がってきたのではないかと思っている次第です。とはいえ、筆者は、地震学の研究だけで人生を過ごしてきた純粋の理系の研究者なので、専門分野外の事柄については、論理の飛躍も、誤りも多いと思います。それを差し引いても、「働く人々が等しく報われ、歴史的文化を大切にする社会、そして日本の利害だけでなく、貧しい国の人々の幸せを視野に入れた学問を大きく発展させること」こそが、災害に強い国を作ることに繋がるのではないかと思います。

ここに述べたことについては、立命館大学歴史都市防災研究センター（現在は研究所）の歴史災害グループの研究活動から多くの着想を得ました。誤解や誤りは筆者の責任であることをお断りしておきます。

### 参考文献


ブルーノ・タウト『ニッポン』講談社学術文庫、森とし郎訳、一九九一。

猪木武徳『経済学に何ができるか』中公新書、二〇一二。

鬼頭宏『人口から読む日本の歴史』講談社学術文庫、二〇〇〇。

小林康夫／船曳建夫編『知の技法』東京大学出版会、一九九四。

京都大学フィールド科学教育研究センター編『森里海連環学（改訂増補）』京都大学学術出版会、二〇一一。

中村雄二郎『臨床の知とは何か』岩波新書、一九九二。

太田猛彦『森林飽和』ＮＨＫブックス、二〇一二。

大岡實『南都七大寺の研究』中央公論美術出版、一九九六。

坂上康俊『平城京の時代』岩波新書、二〇一一。

千田稔『平城京遷都』中公新書、二〇〇八。

白石太一郎『古墳とヤマト政権』文春新書、一九九〇。

只木良也『森と人間の文化史』ＮＨＫブックス、二〇一〇。

相馬秀廣・八木浩司・岡田篤正・中田高・池田安隆『1:25,000都市圏活断層図「桜井」』国土地理院技術資料Ｄ・１-No.350、一九九七。

八木浩司・相馬秀廣・岡田篤正・中田高・池田安隆『1:25,000都市圏活断層図「奈良」』国土地理院技術資料Ｄ・１-No.350、一九九七。

終章

# 「ふるさと」から「ふるさと」へ

## ――「あとがき」をかねて

座小田 豊

東日本大震災は、学問とその研究の在り方に、大きな見直しを迫っています。それは、震災後の世界を私たちが生きる上での「新しい知」の在り方を探ることであり、さらに言えば、人々の「生き方」そのものを問い直すことだといってよいでしょう。本書は、そうした問題意識から、東日本大震災以後の私たちのこれからの「生き方」について、「ふるさと」論、「森里海連環学」、そして「地震学」の三つの立場から、それぞれに呼応する形で、学問横断的な観点から何らかの見通しを得ることを目指して企画されたものです。その際、三名の論者がそれぞれに語る、共通のキーワードとなったのが「ふるさと」でした。本書での議論をまとめるにあたって、あらためて、この言葉について考えてみたいと思います。

**図1**　私たちはどこから来たのか、私たちは誰か、私たちはどこへ行くのか？
Tompkins Collection-Arthur Gordon Tompkins Fund 36.270


## 「私たちはどこから来たのか、どこへ行くのか？」

ここに挙げたこの問いは、人間の歴史上相当に古い、そしていつも問われてきたものの一つでしょう。誰もがこの問いに惹かれ、そして怯えてきたのだと言えるかも知れません。もちろん、答えは様々にありえます。洋の東西の思想や文化はいずれもこの問いへの答えであったと見ることさえできるようにも思われます。私たちの誰もが思いつきそうな、一番ありきたりな答えは、「母から生まれ、無に帰する」ということでしょうか。それはたしかに事実だからです。けれども、この問いを発する人は、この答えに満足するはずもありません。この答えで十分であるとするとしても、「母」や「無」をどのように考えるかで、思い煩うに違いありません。この問いで問われているのは、今こうして生きているこの「私たちとは一体誰なのか？」ということだからです。こうして今生きていることそれ自体が問い質されているのです。

南太平洋上の島タヒチに魅了されつづけたフランスの画家ゴーギャンに、「私たちはどこから来たのか、私たちは誰か、私たちはどこへ行くのか？（D'ou venons-nous? Que Sommes-nous? Ou allons-nous?）」（一八九七）（ボストン美術館所蔵）と題した有名な作品があります（図1）。彼はそこで、自然に密着したタヒチの人たちの、誕生から死に至るまでの生活の様子を大きな一つの画面に描き出しています。問いの主語が「私 je」ではなくて、「私たち nous」となっていることに注意していいでしょう。ゴーギャンはタヒチの人々が自然のなかで共に生きる「いのちの連環と循環」の様を描き出すことで、この問いに答えようとしたのでしょう。

私たちは、「人間社会」そして「自然的世界」という大きな共生体のなかで「自分の生命の意味を問う存在者」なのです。いずれにしても、「自分は誰なのか」という問いを免れることはできません。ならば、この問いを問い続けることが、私たちの課題になるのだと言わなくてはなりません。どこから来たのか、どこへ行くのか、誰なのか――これを問い続け、答えを探究することが、死に至る間際までの私たちの生き方になるのだとは言えないでしょうか。答えを得るのはそう簡単ではなさそうですが、その中心を占めそうなのが、「ふるさと」であり、「ふるさとの私たち」だと言えば、誰もが同意することでしょう。

ならば「ふるさと」とはどのようなものなのでしょうか。私たちは今、まずは「ふるさと」の喪失という事態に眼を向けるところから始めなくてはならないでしょう。

## 「ふるさと」を追われて

東日本大震災と福島第一原発の事故によって多くの人々が、「ふるさと」を奪われ、そして「ふるさと」から追われてしまいました。津波によって多くの町が跡形もなく流されて、「ふるさと」が失われましたが、さらには原発の事故によって、今度は福島県内の多くの町々から人々が「ふるさと」を追われ、帰る見込みさえ立たないまま今なお一五万人以上もの人たちが異郷で不自由な避難生活を余儀なくされているのです。

前者は文字通り「ふるさと」の街の喪失でありました。後者は「ふるさと」剥奪とも言える「ディアスポラ」という歴史的事件に擬えることができるかもしれません。

南海トラフ地震が危惧され、原発が休止中だとはいえいまだ以前のままの状態にある現在、今回と同様の大震災がいつ起こるのか、その危険性と被害の規模が「想定」されるようになりました。第三章で詳しく述べられていますが、朝日新聞によると、予想される死者数と被害額は、いずれも東日本大震災の一〇倍以上だと見積もられています。死者の多くは津波によるとされていますが、この津波によって海沿いにある各地の原発も甚大な被害を受けることが「想定」されているのです。

そうだとすると、「ふるさと」の喪失と「ディアスポラ」は、すでに日本中において「想定内」において考えられなくてはならないでしょう。こうした事態に私たちはどのように対応すればよいのでしょうか。克服するすべはあるのでしょうか。あるとすればどうすればよいのでしょうか、その鍵を今回の震災と原発事故の体験のなかに見つけなくてはなりません。そのためには何よりも、「ふるさと」をどのように考え、受け止め、そして守っていくべきなのかが改めて問われなければならない、と思うのです。

## 「ふるさと」から

第一章で私は「ふるさと」の根源的な意義について述べました。「ふるさと」は私たちの「いのちの源・拠り所・帰るべきところ」だと思うからです。私たちの「いのちと心」を育み養い、そして支えているのが「ふるさと」です。その「ふるさと」はそこに現にあるものとは限りません。むしろ私たちの「こころ」の根底にあって、私たちの「生きる力」になっているのではないでしょうか。私たちが育った街々、野や山や、川や海、そこにあった、また(心のなかに)ありうる多くの人たちや事柄の一切が、私たちを根底で支えているのではないでしょうか。だからこそ、「ふるさと」が災害で失われても、「ふるさと」を追われて帰ることができなくても、私たちは何とか、いや何としてでも生きていこうと考えるのだと思えるのです。

その「ふるさと」が、現在実に様々な面から危機にさらされているように思われます。とはいえ、いつの時代においても私たちにとって「ふるさと」は生きる拠り所であり続けることでしょう。そうであれば、その「ふるさと」を手掛かりに、そこからの私たちの生き方を見定めることが必要だと思われるのです。それが、これからの知の在り方を探る重要な手掛かりにもなるのではないでしょうか。

## 「自然」の連環としての「ふるさと」

第二章は、こうした「ふるさと」が、山、川、里、海といった個々に切り離された場所にあるのではなく、「森里海」という全体として一つをなしたいわゆる「自然」にほかならないことを、「物質的、空間的、時間的な繋がり」の連環のなかにおいて見事に解き明かしています。森の恵みによってこそ里の稔りと海の生き物の豊かさがもたらされるのだということを、「白神山地と日本海のヒラメの関係、有明海の環境劣化、被災後の三陸沿岸でのアサリの復活」の事例から具体的に実証しています。いずれの場合に照らしても、環境の豊かさは「いのちの繋がり」においてようやく保持できているのですから、その繋がりを私たちが人間の都合を優先して不用意に断ち切ることは、まさしく「ふるさと」を否定することなのであって、そのようなことは本来あってはならないことだと思われます。

「森は海の恋人」という草の根運動の発祥の地、気仙沼の舞根《もうね》湾をモデルケースにした魚類生物学の観点から、田中克さんは、「自然といかに折り合いをつけながら持続的に循環的に生きるか」を語っています。その海森、里そして海の連環するいのちの繋がりに私たち人間のいのちも不可分に繋がっているのです。その海が今回の災害では甚大な被害を私たちにもたらしたわけですが、だからといって、けっしてこの繋がりが全面的に否定されたというのではありません。むしろその繋がりの意味が深く問いかけられたのだと受け止めるべきなのではないでしょうか。この草の根運動のリーダーである畠山重篤さんの重い言葉を、ここにもう一度引いておきたいと思います。「海と共に生きる人たちは、これだけの被害を受けてもやっぱり海と一緒に生きていきたいと思っている。海にけっして恨みはないし、必ず復興する」。

今現在、被災地の海岸に、高さ一四メートルを超える防潮堤を建設する計画が進んでいるそうです。これはもちろん今回のような被害を二度と受けないようにという発想から生まれたものなのでしょう。田中さんの試算では、この高さの防潮堤に必要な土台は幅五〇メートルを超えるだろうということです。この防潮堤が東北の海外沿いを三七〇キロメートルにもわたって居座っている情景を想像してみてください。これではまるで、海と人間が切り離されてしまい、海を、共に生きる自然ではなく、排除すべき邪魔者とみなすかのようです。むしろ反対に人間が押し狭められた空間に閉じ込められてしまうかような、息が詰まりそうな圧迫感、閉塞感を覚えてしまいます。

大震災は確かに海がとてつもなく危険であることを教えました。しかし、同時に私たちのいのちの豊かさの源でもあることを示してはいないでしょうか。ヒラメやアサリの事例がそのことを教えてくれています。失われた街を「ふるさと」にしてきた人々にとって、海もまたその「ふるさと」の不可欠の要素であったはずでしょう。潮騒の音、海の香り、海の生き物の多様性に示されているように、幾重にも重なる様々な記憶の生まれた場所、多様な相貌を持つ海は、それ自体が豊かな「ふるさと」の香りを強く放っているように思われます。このような海を防潮堤という壁によって私たちから隔ててしまうことは、しかも一四メートルという相当に高い壁によってさえぎることは、海との関係を根本的に変えることになりはしないかと危惧されるのです。万里の長城はもちろん、かつてのベルリンの壁も、イスラエルに最近出現した壁も、向こう側を異質な「敵」と見定める働きをしてきたのではなかったでしょうか。

海はご存知のように、地球上のあらゆるいのちの「ふるさと」でありました。そのことは私たちの脳の一番深いところにある魚としての生物的な記憶のなかにも深く刻まれているそうですが、それはともかくも、周りをすべて海で囲まれた私たち日本人の文化的な固有性は、森ももちろんそうですが、海なしには語ることができません。食文化一つとってもそうでしょうし、私たち日本人は海を境界として意識してはいても、海そのものをけっして異質なものとみなしたりはして来なかったのです。海との繋がりを保持した「自然親和性の高い工夫のされた防潮堤」が望まれる所以です。

続く世代に何が残せるのか、残すべきなのか。真剣に考えなくてはなりません。少なくとも、海と人間を分かつような防潮堤であってはならないでしょう。時間がかかっても海を「ふるさと」として共に生きうる方途を探る必要があると思います。

## いにしえの「ふるさと」へ

第三章においては、災害地震学の歴史的観点からの日本文化の「ふるさと」の考察が行われました。川崎一朗さんは「奈良公園の興福寺中金堂再建」の事例から話を起こされました。この中金堂のような大きな木造建築は、防災の観点から、直径八〇センチメートルもある柱を何本も何本も使わなくてはなりませんし、その上の組材も同様に太い直径を持つ木材を必要とします。ところがその木材は、日本産ではなくカメルーン産とカナダ産だということです。それを、国中が森林に覆われているはずの日本で調達できないのは、いうまでもなく、そのような直径を持った大木が日本には存在しないからです。日本の森林は、そう見えるほどに豊かではなく、その多くは現在では有効に管理されておらず、いわば放置されており、多様な生き物が共に生息する「森林」の体をなしていません。それは何よりもこれまで私たち日本人が「二〇〇〇年以上にわたって森林を略奪してきた」からなのです。外国産の木材を用いることは、その「略奪」を海外にまで広げているということでもあるでしょう。熱帯産のラワン材が日本に大量に輸入され、そのために、たとえばインドネシアのオランウータンの生息域が激減していることはよく知られています。

日本の古代に、奈良の土地で幾度も都の変遷・遷都が行われました。川崎さんによると、その理由・原因はいずれも災害の観点から読み解くことができるというのです。都の建造には何よりも大量の木材が必要になりますが、そのために周辺の山々は、木々が伐採されて禿げ山になり、それが原因で土砂災害が発生し、都そのものが大変な被害を受けるようになるという事態が繰り返されたのです。一二万年前にできた「中位段丘」の上に平城京を築こうとした人々は明らかに「洪水を避けたいという意識を持っていた」のです。都市と自然あるいは自然災害との関わりをどのように考えるのかは、遠く一〇〇〇年単位で私たちの宿命的な問題であったということが分かります。筆者が「自然災害と社会経済を関連づけて見る視点」の重要性を強調する所以でありましょう。

都市の人口が増えると森はさらに減少し、七世紀末には広葉樹林が消滅しアカマツの針葉樹林に「遷移」してしまったということですが、これがさらには大量の土砂流失の引き金になり、「宇治川から淀川を下って難波津を埋め」、いわば「私たちが現在抱えている環境問題の原点」とも言うべき事態が出来したのです。こうして、中金堂の建設現場から春日山を眺めながら、川崎さんは、「森に対する収奪と洪水という問題」意識から「春日山の木を伐採してはいけないという宗教意識」が生まれたのではないかと推測するのです。

都を災害から守ろうとする意識はおのずから自然との友好的な関係を構築しようとする方向に向かうのではないでしょうか。あまたの文化財と自然とが一〇〇〇年以上にもわたって調和してきたように思われる奈良の地を歩いていると、そのような気持ちにいざなわれるのかもしれません。日本文化の「ふるさと」と呼ばれるのも当然なのでしょう。私も機会があるごとに奈良に足を運んできましたが、いつでしたか、若草山の麓にある二月堂を眺めていると、手に数珠をもちお経を唱えながらお堂の周りを何度も何度も回っている二人の女性の姿が目に留まりました。親子と思しき五〇歳代と七〇歳代くらいの方たちでしたが、これほど熱心にお参りをする人をじかに見たことがありませんでしたので、この地には「祈り」がなお日常に根づいているのだと、感じ入ったことでした。彼らの「祈り」は「いのちの源」への、「ふるさと」へのものに違いありません。川崎さんはブルーノ・タウトを引いてこう述べています。「私たちがこうした景色を美しく思うのは、これらが亡くなった人々への祈りの場であったということ、……「ふるさと」に関わる、二〇〇〇年近い時間が凝縮されているからではないでしょうか」と。二月堂での彼らの「祈り」は、確実に「ふるさと」へと通じていったことでしょう。

## きたるべき「ふるさと」へ

「ふるさと」は、誰にでもありうるものだと思います。もちろん、その「ふるさと」がどのようなものであるのかは、一義的ではないかもしれません。ごく身近な身の回りをそう思う人がいるかもしれません。この「日本」を「ふるさと」だと思う人もいれば、宇宙飛行士のように大気圏外から地球を見る人たちにとっては「地球」がそう見えるのかもしれません。しかし、その「日本」にしても「地球」にしても、そのことで誰もが同じことを考えているとは限りません。それぞれに勝手なことを思っているのかもしれません。それほどに、「ふるさと」は多様な相貌をしているとも言えるでしょう。しかも、現実には「ふるさと」それ自体が社会的‐歴史的現象のなかで様々な変貌を遂げてきてもいます。けれども、「ふるさと」が、私たちのいのちの源であり、心のよすがであるということは、確かにあらゆる時代と場所において共通しているのではないでしょうか。だからこそ、私たちのいのちの繋がりは時間的には過去と連接しあい、そして空間的には自然と多様に深く連環しあっていくのです。

では、将来の人たちとはどのような「ふるさと」を共有できるのでしょうか。少なくとも現在の私たちにとって「望ましい」もの以下であってはならないでしょう。そのことを、どうすれば確保できるのでしょうか。その「ふるさと」をより明示的なものにする作業が不可欠であるように思います。人のいのちの源、心のよすがを損なうようなことは何であれ許されてはなりません。まずは自らの「ふるさと」を顧みるところから始めましょう。私たちは「ふるさと」から来て、来るべき将来の「ふるさと」を目指しているのではないでしょうか。だからこそ、時間的にも空間的にも共有できる「ふるさと」を、学問の領域を超えて探ることが求められるのです。そのためにはどうすればよいのか。今私たちに何よりも必要なのは、このことを考える包括的な力、「ふるさと」へと遡る想像力という大きな翼ではないでしょうか。何と言っても、「ふるさと」にふさわしい生き方を志すことは誰にとっても希望に繋がることだと思えるからです。

# 時代を拓く大学の知——ブックレット刊行にあたって

この小冊子は、全国三一の大学出版部が加盟する、一般社団法人大学出版部協会の創立五〇周年を記念して、二〇一三（平成二五）年の六月から一〇月にかけて行われた連続シンポジウム「新しい社会を拓く大学の力」を基に刊行されるものです。

シンポジウムのタイトルに端的に現れているように、大学による多彩な知的活動は私たちの未来のありように大きく作用する力を持っています。

しかし、東日本大震災やその後の大規模な原発事故を経験した私たちにとって、その知の力は必ずしもポジティブなものばかりではないことも知りました。知は、将来を明るく切り拓いていく大きなエネルギーを持つ一方で、負の作用を呼び起こしてしまう危うさも持ち合わせています。

そうであるならば、私たちは大学という場で行われている知的活動により注目すべきではないでしょうか。大学の知が、私たちが生きる社会にどのような影響を与えるのか、私たちが自明としている物の見方をどう変えてくれるのか、さまざまに生み出される知見を統合し思いもよらなかった新たな地平を浮かび上がらせてくれるのか、等々、大いに「知る」必要があると思います。

ただ、「大学の知を知る」ことは簡単なことではありません。専門性が高くなればなるほど一般的な言葉から離れていくのは避けがたいところです。そこで、専門的な知の展開に一般の人びとが触れる機会を提供する、すなわち書籍というかたちをとおして「読む」という行為に繋がるよう媒介するのが、われわれ大学出版部の役割となります。この小冊子はそのささやかな試みです。

このたび世に送り出す二冊のブックレット『防災と復興の知——3・11以後を生きる』『心の多様性——脳は世界をいかに捉えているか』は、一つは東日本大震災後の知のありようを深く問うものであり、もう一つは生物のさまざまな行動を司る脳の機能や認知のあり方を追究するものです。

どちらも難しいテーマですが、第一線で活躍する研究者が自らの専門的知見を積極的に開き、また本来研究分野の異なる方々が一つのテーマのもとに出会うことにより、新たな「気づき」が生み出されています。本書によって、読者の皆様がこの知的ダイナミズムを体感され、目の前に新たな世界が開ける契機となるならば、これに勝る喜びはありません。

この二冊のブックレットの刊行は、公益財団法人日本生命財団（ニッセイ財団）の助成を得て可能となりました。心身の健康や環境改善のための意義ある研究を支えてくださっている当財団の皆様のご理解とご協力なしには、こうした取り組みのスムーズな実現は困難でした。長年のご厚誼に心から感謝申し上げます。また、本書の制作にあたっては、桃夭舎の高瀬桃子さんに原稿作成を、デザイナーの藤田美咲さんにブックデザインをお願いしました。私たちの試みを支えていただいたお二人に御礼申し上げます。

二〇一四年六月

一般社団法人 大学出版部協会
理事長 黒田拓也

防災と復興の知
3・11以後を生きる

2014年6月20日 初版第1刷発行

著者
座小田 豊
田中 克
川崎一朗

発行人
黒田拓也

発行所
一般社団法人 大学出版部協会
〒102-0073 東京都千代田区九段北1-14-13
メゾン萬六403号室
電話 03-3511-2091
FAX 03-3511-2092
URL http://www.ajup-net.com
e-mail mail@ajup-net.com
振替 00190-4-540410

発売
一般財団法人 東京大学出版会
〒153-0041 東京都目黒区駒場4-5-29
電話 03-6407-1069
FAX 03-6407-1991

デザイン
藤田美咲

印刷・製本
株式会社 太洋社


ISBN 978-4-13-003150-9

◉著者紹介(執筆順)

**座小田 豊** ……ざこた ゆたか

東北大学大学院文学研究科教授。

1949年福岡県生まれ。弘前大学教養部助教授などを経て，現職。

**主な著書▶** 『ヘーゲル哲学への新視覚』(共著，創文社，1999年)，『ヘーゲル哲学を学ぶ人のために』(共著，世界思想社，2001年)，『知の教科書　ヘーゲル』(共編著，講談社メチエ，2004年)，『今を生きる　東日本大震災から明日へ！　復興と再生への提言　1　人間として』(共編著，東北大学出版会，2012年)，『近代哲学の精神』(共訳，H・ハイムゼート著，法政大学出版局，1995年)など。

**田中 克** ……たなか まさる

京都大学名誉教授，(公財)国際高等研究所チーフリサーチフェロー，NPO法人 森は海の恋人理事。農学博士。

1943年滋賀県生まれ。水産庁西海区水産研究所，京都大学大学院農学研究科教授，京都大学フィールド科学教育研究センター教授・センター長等を歴任。

**主な著書▶** 『魚類学 下』(共著，恒星社厚生閣，1998年)，『森里海連環学』(共著，京都大学学術出版会，2007年)，『森里海連環学への道』(旬報社，2008)，『稚魚学　多様な生理生態を探る』(共編著，生物研究社，2008年)，『稚魚　生残と変態の生理生態学』(共著，京都大学学術出版会，2009年)，『水産の21世紀　海から拓く食料自給』(共編，京都大学学術出版会，2010年)など。

**川崎一朗** ……かわさき いちろう

京都大学名誉教授。理学博士。

1946年大阪府生まれ。富山大学理学部助教授，教授，京都大学防災研究所教授，立命館大学歴史都市防災研究センター特任教授等を歴任。

**主な著書▶** 『サイレント・アースクェイク』(共著，東京大学出版会，1993年)，『スロー地震とは何か』(NHKブックス，2006年)，『地震予知の科学』(共著，東京大学出版会，2007年)，『災害社会』(学術選書42，京都大学学術出版会，2009年)など。